초고령 사회 어찌할 것인가
Super-Aged Society

머리말
PREFACE

초고령사회, 우리의 현실이다

얼마 전 친구를 만나 이야기를 나누었다. 대화 주제는 자연스럽게 부모님 인지증으로 인한 가족들의 애환과 늙어 가는 친구들 사연으로 모였다. 이야기 끝에 내린 결론은 이런 상황이 바로 "우리의 현실이다!"였다. 베이비붐 세대인 우리에겐 이미 새로운 전투가 시작되고 있다.

베이비붐 세대는 한국 경제의 고도성장기를 이끌었으며, 1980년 민주화운동, 1990년대 외환위기를 겪으면서 사회 변화에 대한 관심이 높은 세대로 알려져 있다. 그러나 현실은 부모 부양, 자녀의 경제 지원 그리고 본인의 노후 준비까지 삼중고(三重苦)를 겪고 있다. 이들은 부모를 봉양하는 마지막 세대인 동시에 자녀에게 부양받지 못하는 첫 세대가 된다는 뜻으로 '마처 세대'라고도 불린다. 베이비붐 세대는 고령화로 인한 사회문제를 짊어진 당사자이기도 하고 해결해야 할 주체이기도 하다.

그래서 이 책에 베이비붐 세대, 시니어 등 고령자들이 마주한 현실과 풀어야 할 과제에 대한 이야기를 담았다.

　첫째, 기출판된 책 중에는 다소 종합적인 내용을 다루고 있는 책이 많다. 하지만 이 책은 일본 초고령사회 현상과 고령자들의 다양한 삶을 복지적 관점에서 해석하고 엮은 '현장 리포트'이다. 초고령사회를 먼저 경험하고 있는 일본을 통해 한국의 고령자들이 어떻게 노후를 준비해야 할지 살펴보고자 한다.

　둘째, 지역의 사회복지 종사자들과 일본 고령화 정보를 공유함으로써 정보의 격차를 줄이는 동시에 고민을 함께하고 해결책을 함께 찾아보고자 한다.

　셋째, 이런 문제의식을 우리 사회 전체에 제기해서 문제해결에 대한 공감을 폭넓게 조성하고자 한다.

　이 책의 1장에서는 일본의 '2025 문제'인 노노 간병, 노인 빈곤 등 일본 고령자들의 어두운 실상을 조명하였다. 2~4장은 사회문제에 대응하는 민·관 차원에서의 솔루션과 아이디어 사례를 모았다. 5~6장은 일본 액티비티 시니어의 다양한 사회 참여와 평생 현역 사회에서의 활동 모습을 소개하였다.

일본 고령화사회의 흐름

일본의 고령화 문제 대응의 기조는 '전략은 국가에서, 실행은 지역에서'였다. 제도는 지역이라는 영역에서 전개되어 지역을 변화해 나가는 구조였다. 또한 대상자를 제도에 맞추는 것이 아닌 제도를 사람에 맞추는 '사람 중심'이었다. 인간의 존엄, 당사자성, 욕구 중심, 지역 사회, 마을 만들기, 네트워크 등이 행정과 시설을 운영하는 핵심 가치와 개념으로, 기다리기보다 적극적인 접근으로 운영되고 있었다.

물론 일본과 한국의 사회·문화적 환경이나 국민 의식이 다르기 때문에 일본의 고령화 해결법이 정답이 될 수는 없다. 하지만 일본은 몇십 년 앞서 고령화사회에 들어섰다는 점에서 일본 사회가 주는 시사점을 받아들이고, 적극적으로 대응한다면 한국의 심각한 고령화 상황의 충격을 다소 줄일 수 있다고 생각한다.

이 책이 나오기까지 삶의 경험과 지식을 쌓게 해준 사회복지법인 함께하는마음재단에 감사드린다. 긴 시간 일본 동행과 번역을 지원해 준 이도희 박사와 원고를 쓰는 과정에서 세심하게 도움을 준 이경식 작가 두 친구에게 깊은 감사를 드린다. 교정을

  도와준 안창배·최진이 관장께도 고마움을 전한다. 한·일 여러 언론 기사들과 출판물이 많은 도움이 되었다.
  이 책이 한국 초고령사회와 사회복지 현장 그리고 고령자들의 삶의 문제를 해결하는 데 조금이나마 도움이 될 수 있다면 더할 나위 없이 기쁠 것이다.

2025년 5월

김창규

추천사
ENDORSEMENTS

한국노인인력개발원 원장 **김미곤**

 2024년 12월 우리 사회는 노인 인구가 전체 인구의 20% 이상인 초고령사회로 진입했다. 2001년 노인 인구가 7%를 넘는 고령화사회에서 23년 만에 초고령사회로 바뀌었다. 프랑스가 154년, 일본이 35년 걸린 점을 감안하면 세계 최고 수준의 속도로 진행되고 있다. 문제는 이러한 추세가 앞으로도 지속된다는 것이다. 통계청에 의하면 2044년 우리나라의 고령화율은 일본(36.5%)을 추월한 36.7%로 세계 1위를 기록했다.

 인구 구조의 변화는 다층적 과제를 던져준다. 경제적인 측면에서 생산인구가 감소하여 소득 및 소비 위축과 저성장을 고착화한다. 사회적인 측면에서는 연금, 복지, 의료, 돌봄 등의 비용이 증가할 수 있다. 쓸 수 있는 돈은 줄어들고 지출이 늘어나는 딜레마에 처할 수 있다는 것이다.

 그렇다면 우리는 무엇을 준비하고 어떻게 대응하여야 하는가. 김창규 관장의 《초고령사회 어찌할 것인가》는 이러한 질문에 친절하게 답해주는 보물 같은 책이다. 저자는 일본 초고령사회의 문제점을 다양한 시각에서 참신한 통찰력으로 살펴보았다. '죽어야 보이는 사람들, 고독사'라는 소제목은 내용을 보지 않아도 초고령사회의 아픔을 느낄 수 있다. '사망자도 상속인도 모두 고령자'라는 소제목에서 70대 중반에 왕위를 계승한 영국 찰스 3세가 떠오른다.

  저자는 초고령사회에 대응하는 일본의 다양한 사례를 소개하고 있다. 여러 사례에서 노인이 행복하면 모두가 행복해질 수 있고, 노력하면 답을 찾을 수 있다는 평범한 진리를 확인할 수 있었다. 노인복지 관련 종사자뿐만 아니라 연구자 및 정책 담당자들도 많은 시사점을 얻을 수 있을 것이다. 많은 분께 일독을 권하고 싶다.

한국노인복지관협회장 **박노숙**

  우리나라 초고령사회가 시작된 2025년! 일본은 우리보다 20년 빠른 2005년에 초고령사회에 진입했다. 앞으로 건강과 소비, 노동과 생산, 여가와 문화 등에서 큰 변화가 예상된다. 국가의 운명이 노인 세대에 걸려 있다 해도 과언이 아니다.

  우리에게 절호의 기회가 왔다. 《초고령사회 어찌할 것인가》에서 소개하는 사례들은 우리 사회, 노인복지관의 현재이고 미래이다. 과거를 기억하는 노인복지 현장 전문가 김창규 관장으로부터 그 해답을 찾을 수 있을 것이다. 자! 지금 초고령사회의 대안을 찾으러 가보자.

한국노인복지중앙회장 **한철수**

    일본은 우리나라보다 훨씬 앞서 고령화를 경험하였다. 《초고령사회 어찌할 것인가》는 한국 사회가 참고하고 실천해야 할 일본의 고령화 정책과 사례들을 담고 있다.
    일본의 초고령사회와 노인 문제를 다룬 책이 잘 없어서 아쉬운 마음이 있었다. 이 시점에 이런 책이 나와서 요양원 시설장, 사회복지 실천 현장 종사자뿐만 아니라 연구자들께도 큰 도움이 될 것이다. 저자께 마음 깊이 감사드린다. 특히 시간을 아껴서 귀한 저서를 쓴 김창규 관장은 사회복지사들의 좋은 귀감이 될 것으로 믿는다. 일독을 꼭 권한다.

한국시니어클럽협회장 **조범기**

    초고령 시대를 살아가야 하는 우리에게 참고서와 같은 책이다. 2025년, 우리나라는 초고령사회에 진입했다. 우리는 무엇을 준비해야 하는가? 사회 변화에 대응하기 위해서 새로운 발전 방향을 모색해야 한다. 이 책은 우리보다 먼저 초고령사회를 경험한 일본의 사례를 보여주고 있다. 환경은 다르지만, 초고령사회의 현실과 미래를 엿보고 적절한 정책을 수립하는 데 도움이 될 것이다. 또한 일본 시니어들의 다양한 사회 참여 사례는 우리나라 노인 일자리 및 사회활동 사례 발굴 측면에서도 매우 유익한 자료가 될 것이다. 시니어클럽 등 노인 일자리 사업에 종사하시는 모든 분들, 정책 관계자들은 꼭 읽어보시기를 추천한다.

대구광역시사회복지협의회장 **김석표**

걸림 없이 단숨에 읽어낼 수 있는 책이다. 어려운 말과 현란한 이론을 들이밀지 않고도 노인과 고령화사회에 대한 이야기를 공감하게 하는 탁월한 저력이 느껴지는 책이다. 이 책에서 짚는 일본의 이야기는 이미 우리의 문제여서 이질감 없이 공감하게 된다. 저자는 문제를 단순히 문제로만 적시하지 않고 노인 당사자와 가족의 고단함과 고통으로 공감한다. 이는 책상에 앉아 연구하는 사람과 현장에서 온몸으로 노인을 만나 온 사람의 차이이다.

노인복지 전문가가 전하는 우리 공동체에 대한 혜안에 감사드린다. 이 책을 통해서 우리의 미래는 조금 더 긍정적인 방향으로 나아갈 것이라고 확신하며, 사회복지 현장에서 일하는 모든 이들의 일독을 권한다.

일문학 박사 **이도희**

노인복지 현장에서 청춘을 보낸 나의 고교 동기는 일본의 초고령사회에 일찍부터 유별난 관심을 가진 노인복지 전문가다.

지난 몇 년간 의기투합하여 서로의 관심사였던 일본 투어 계획을 세웠고, 여행의 핵심은 일본 복지 시설 견학이었다. 그 여행은 일본인의 생활철학인 일기일회(一期一會)의 시간과 인연이었다. 역사는 뜻있는 누군가에 의해 이루어지듯이, 노인복지에 관한 친구의 집념과 열정은 이미 초고령사회로 진입한 한국 사회에 진정한 백세시대를 구현하는 한 톨의 씨앗이 될 것으로 믿는다.

차례
CONTENTS

머리말
추천사

1장 초고령사회, 마주해야 할 현실들

01 '2025년 문제' 예측된 상황　　　　　　　　　　　16

02 고령자가 고령자를 돌보는 사회　　　　　　　　　19

03 사회 속 표류자가 된 고령층　　　　　　　　　　25

04 숨어버린 사람들, 은둔형 외톨이　　　　　　　　31

05 죽어야 보이는 사람들, 고독사　　　　　　　　　35

〈시니어 라이프〉 뇌의 건강 수명을 늘리는 '20가지 행동'　　40

2장 지역 돌봄의 핵심, 지역포괄케어

01 인지증의 시대　　　　　　　　　　　　　　　　46

02 의료와 돌봄을 동시에, 지역포괄케어시스템　　　50

03 사회적 편견을 깨는 사람들　　　　　　　　　　54

04 일본의 다양한 데이 서비스센터　　　　　　　　59

05 후쿠오카 인지증 프렌들리 센터　　　　　　　　67

〈시니어 라이프〉 '건강 장수 가이드라인' 12가지 수칙　　76

3장 초고령사회를 새로 쓰는 이들

01 길 위의 쉼표가 된 정류장과 이발소 이야기 … 82
02 인지증과 함께하는 사회 … 86
03 존엄과 자립을 실천하는 요양시설 … 93
04 생활 지원 서비스가 제공되는 '고령자 주택' … 108
05 주택·케어·복지가 어우러진 공동체 주택 '나스마을' … 114
〈시니어 라이프〉 인지증 대응 7대 원칙 … 121

4장 소비시장의 변화, 시니어 시프트

01 시니어 시프트의 출현 … 128
02 생필품 사러 가기 어려운 쇼핑 난민, 식품 사막 … 137
03 사람과 기술이 공존하는 돌봄의 해법 … 144
04 인생을 마무리하는 활동 '종활(終活)' … 149
〈시니어 라이프〉 일본의 새로운 시니어 라이프 스타일 … 156

5장 액티비티 시니어로 사는 사람들

01 단카이 세대와 액티비티 시니어 … 160
02 나이를 떠나 즐거움이 있는 삶! '취미인클럽(趣味人俱楽部)' … 163
03 일본 시니어 살롱의 인생 2막 프로젝트 … 170
04 고령자들의 아지트, 삶을 디자인하다 … 177
〈시니어 라이프〉 슬기로운 액티비티 시니어 생활 … 181

6장 평생 현역으로 사는 사람들

01 70세 정년 시대 **186**

02 지역 사회와 함께 살아가는 고령자 **193**

03 은퇴 후의 또 다른 무대 **198**

〈시니어 라이프〉 늙는다는 착각 **204**

기고문

최학희 《시니어트렌드 2025》 저자
시니어 트랜드 2025 : 세 가지 핵심 키워드 **206**

박한우 영남대학교 언론정보학과 교수
시니어 세대의 정보격차 : 디지털 시대의 도전과 기회 **213**

변재관 한·일사회보장정책포럼 대표
한국 돌봄통합지원법의 연착륙 **217**

참고자료

65세 이상인 사람은 노인, 고령자, 베이비부머 등 다양한 표현으로 불린다. 최근에는 젊은 노인을 시니어 혹은 액티비티 시니어라고도 부른다. 명칭마다 연령의 차이가 있고, 연령대가 중첩되기도 하기 때문에 하나의 용어로 정의하기는 무리가 있지만, 이 책에서는 활동적인 고령자는 시니어로 사용하였다. 또한 '치매(癡呆)'는 일본에서도 사용 중인 표현인 '인지증'으로 통일하였다.

초고령사회 어찌할 것인가

초고령사회, 마주해야 할 현실들

01
'2025년 문제' 예측된 상황

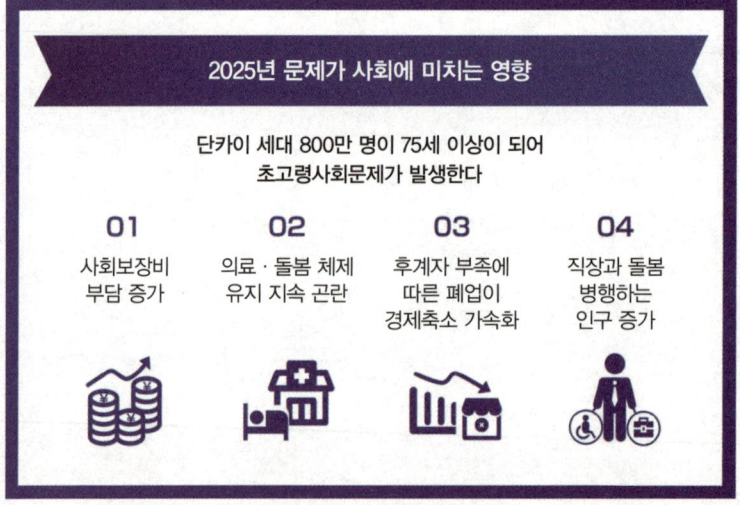

자료 : パーソルグループ 홈페이지(www.persol-group.co.jp)

초고령사회 일본

2025년 한국은 초고령사회로 진입했다. 2007년 이미 초고령사회로 들어선 일본은 18년이 지난 2025년에 어떤 상황이 일어나고 있을까?

일본 경제산업성은 2025년 이후 큰 경제 손실이 발생할 것으로 예측하면서 경종을 울리는 의미를 담아 '2025년 절벽'이라는 용어를 썼다. 2025년이 되면 일본 인구의 약 10%에 해당하는 800만 명의 단카이 세대[1]가 75세 이상의 후기 고령자가 된다. 이에 따라 발생하는 경제활동인구의 공백으로 노동력 감소, 의료·간호 분야의 한계 등의 문제를 해결해야 한다.

일본 인구는 2024년 기준 1억 2,479만 명이다. 그중 65세 이상 고령자는 약 3,677만 명으로 일본 인구 3명 중 1명이 고령자인 초고령사회이다. 2025년에는 단카이 세대를 포함한 후기 고령자 인구가 약 2,180만 명에 이를 것으로 예상된다. 일본은 2025년 이후 고령화 속도가 더 빨라지고, 인지증 고령자와 독거 고령자 수가 급증할 것이다. 또한 연간 사망자 수가 증가하는 다사(多死) 사회가 될 것으로 예상할 수 있다.

일본의 '2025년 문제'가 사회에 미치는 영향으로 다음의 항목을 들 수 있다.

첫째, 사회보장비 부담이 가중된다. 후기 고령자가 증가하고 고령자에게 지급되는 돌봄 및 의료비 증가로 인해 노령연금이나 개호보험 등 고령자를 위한 사회보장비 지출 비율이 높아진다. 사회보장제도의 지속에도 영향을 주게 된다.

---

[1] 단카이 세대(団塊世代)는 1947년부터 1949년 사이에 태어난 '베이비부머' 세대를 말한다. 일본어로 '덩어리'를 뜻하는 '단카이'는 전후 혼란기에 급증한 출산으로 생긴 명칭이다. 이들은 1960년대 후반부터 1970년대 초반에 활동하며 일본의 경제 성장과 사회 변화를 이끌고 학생 운동의 중심이 되기도 했다. 또한, 1980년대 후반 버블 경제를 경험하며 소비를 주도하기도 하였다.

둘째, 의료·돌봄의 체제 유지가 곤란해진다. 후기 고령자가 늘어나면서 의료·돌봄 서비스가 필요한 사람과 서비스 수요는 지속 증가하지만, 관련 시설 부족과 의료·돌봄 종사자 감소로 인해 고령자들이 충분한 의료와 간병 서비스를 받기 어려운 상황도 예상된다. 2025년에는 최소 약 28만 명 이상의 돌봄 인력이 부족할 것으로 예상된다.

셋째, 후계자 부족에 따른 폐업이 경제축소를 가속한다. 중소기업·소규모 사업자의 기술이나 노하우 등의 자원을 지키기 위해서도 후계자 양성이나 자산·부채의 인계 등이 긴급한 과제가 되고 있다. 또한 노동 인구의 감소가 따른다. 노동력 부족의 심화, 기업의 인력난 부족과 더불어 경제 성장 둔화도 일어날 것으로 전망된다. 2030년의 예측치에서 인구 감소는 서비스 분야가 가장 높았고, 그다음으로 의료·복지 분야였다.

넷째, '비즈니스 캐어러(Carer)'가 증가한다. 비즈니스 캐어러는 일과 가족의 간병을 양립하는 직장인을 말한다. 일본에서 70~80대 부모를 돌보면서 회사에 다니는 40~50대 중년이 늘고 있다. 일본 경제산업성은 2030년이 되면 간병을 이유로 이직하는 사람이 11만 명에 달하여 경제적 손실이 9조 엔을 넘어설 것이라는 추산을 내놓았다. 2025년 이후 고령화가 진행됨에 따라 비즈니스 캐어러가 더욱 증가하고 일과 간병의 양립이 점점 어려워지게 된다.

일본의 인구 구조 변동과 고령화는 예측된 상황이었다. 이에 따라 나타날 것으로 예상되는 사회문제의 정점과 대응하기 위한 준비의 마지막 시점을 2025년으로 보고 있다. '2025년 문제'에 직면하는 일본을 보며 한국 사회는 어떻게 풀어야 할지 깊게 관심을 가지고 살펴봐야 한다. 얼마 남지 않았다. 늦었다고 말할 때는 이미 늦었다.

02
고령자가 고령자를 돌보는 사회

노노(老老) 간병

일본은 인구 10명 중 3명이 고령자이다. 간병 문제가 사회적 이슈로 떠오른 지는 이미 오래되었다. 일본 후생노동성의 '2022 국민생활기초조사'에 따르면 2022년 65세 인구는 약 1,700만 가구로 역대 최대를 기록했다. 65세 이상의 고령자가 또 다른 65세 이상의 고령자를 돌보는 '노노 간병' 비율은 63.5%에 달한다. 노노 간병은 고령자 부부나 자녀가 65세 이상일 경우도 해당된다. 60세 이상의 간병 형태는 전체의 70%를 차지한다. 이들이 나이가 들면서 노노 간병이 더욱 증가할 것으로 보인다.

일본은 2025년 인구의 약 18%가 75세 이상이 된다. 간병하는 사람도 받는 사람도 75세 이상인 초(超)노노 간병 시대가 된 것이다. 초노노 간병 사회에서는 '인인(認認) 간병'[2]도 일어난다.

---

[2] 인지증(認知症)의 첫 글자를 따서 부르는 것으로, 노노 간병 중에서도 고령의 인지증 환자가 다른 인지증 환자를 간병하는 상황을 말한다.

일본에서 노노 간병이 증가하는 주요 원인은 저출산·고령화로 인한 간병인의 연령 증가, 시설에 입소할 수 없는 경제적 여건, 핵가족화·여성의 사회진출·만혼화 등 생활 스타일의 변화와 타인에게 돌봄을 맡기는 것에 대한 거부감, 돌봄은 당연히 가족이 담당해야 한다는 일본인의 사고방식 및 사회 분위기에서 찾을 수 있다.

일본 내각부는 2050년에는 1인당 평균 간병비가 75% 증가할 것으로 추산하고 있다. 후생노동성 고용동향 조사에서는 간병을 이유로 직장을 그만둔 사람이 2022년에 약 7만 2,000명에 달한 것으로 나타났다. 길어진 간병 기간으로 인해 간병 비용뿐만 아니라 간병 보호자의 스트레스 증가, 건강 악화 등으로 일상이 함께 무너질 수도 있다.

간병 살인

"긴 병 끝에 효자가 없다." 긴 간병으로 가족 간 갈등이 생기는 경우가 있다. 2017년 일본에서 《엄마가 죽었으면 좋겠다》라는 끔찍한 제목의 책이 발간됐다. NHK에서 방영한 '간병 살인' 다큐멘터리 소재를 엮은 책이다.

일본에서 인지증을 앓던 90대 노모와 60대 두 딸이 잇달아 숨지는 사건이 보도됐다. "장례를 잘 부탁한다."라는 메모를 남긴 두 딸은 노노 간병 끝에 스스로 비극적인 최후를 맞이했다. 또한 40여 년간 돌본 아내를 82세 남편이 살해하여 실형을 선고받는 등 노노 간병으로 인한 비극이 끊이지 않고 있다. 고령화가 빠르게 진행되면서 이러한 간병 참극은 더 이상 특정 가족의 문제가 아니게 되었다.

일본 복지대학 유하라 교수의 조사에 따르면 간병 살인은 2012년에서 2021년까지 10년간 적어도 총 437건(사망자 443명)으로 거의 일주일에 한 번꼴로 발생한 것으로 나타났다. 일본은 이러한 상황의 대응책으로 2000년 '개호보험제도[3]'를 도입해 고령자의 간병을 사회 전체가 책임지는 시스템을 구축했다.

개호보험은 고령자의 자립을 지원하고 이용자의 선택에 따라 다양한 주체로부터 의료 및 복지서비스를 종합적으로 받을 수 있는 이용자 위주의 제도이다. 간병 서비스가 필요할 때 개호보험으로 급여의 70~90%를 지원 받을 수 있다. 일본의 개호 등급은 한국과 달리 1등급에서 5등급으로 올라가는 형태이고 다양한 서비스를 지원한다.

제도 도입 당시와는 달리 최근 간병비 부담이 4배 이상 증가하였다. 이에 일본 정부는 돌봄·간병 비용에 대비해 보험료를 인상하고 돌봄 인력 확보를 위해 간병인의 급여 상승, 외국인 간병 인력 유입 등 대책 마련을 서두르고 있다.

개호 난민(介護難民)

일본은 노노 간병의 증가, 간병 비용 부담, 인력 부족으로 고령자가 고령자를 돌보거나 간병을 받지 못하는 문제를 겪고 있다. 이러한 처지에 놓인 사람을 '개호 난민(介護難民)'이라고 부른다. 일본 창생회는 단카이 세대가 75세가 되는 2025년에는 개호 난민이 약 28만 명에 달할 것이며, 급증하는 고령자 인구에 비해 인력이 부족하여 개호 난민이 계속 늘어날 것으로 보았다.

후생노동성은 일본 내 고령자 수는 2025년 243만 명에서 2040년 280만 명까지 증가할 것으로 예상하였다. 개호 인력은 2025년 28만 명, 2040년 65만 명이 부족

---

[3] 일본은 고령화와 핵가족화의 진행 등을 배경으로 고령자의 개호(介護)를 사회 전체가 책임지는 시스템으로 2000년에 '개호보험제도'를 마련했다. 이 제도는 2008년에 도입된 한국의 장기요양보험제도와 유사한 제도로 개호(돌봄, 간병)가 필요한 사람을 지원하는 제도로 정착하고 있다.

할 것으로 보인다. 개호 인력이 2021년 약 4만 명 증가하는 데 그치자, 위기감을 느낀 일본 정부는 외국 인력의 도입 확대와 개호 인력의 처우개선을 위한 대책을 강구하고 있다.

그 대책으로 직원 임금 향상과 정부 예산 투입, 인재 확보 및 육성(예비 복지사 학습 지원금, 재취업 준비금 대출 등), 이직 방지·정착 추진·생산성 향상 방안 모색(로봇 ICT 활용, 생산성 향상 가이드라인 보급, 고민 상담소 설치 등), 개호직 매력 향상(개호 업무 홍보, 개호 체험 이벤트 등), 외국인 인재 수용 환경 마련(복지사 유학 지망 수학 자금 대출, 외국 현지 설명회, 개호 관련 일본어 학습 지원) 등을 제시했다.

나아가 일본 정부는 개호 분야에 외국 인력이 필요하다는 판단하에 안정적인 인력 공급 방안을 발표했다. 2008년 외국인 개호복지사 후보자를 모집하고, 2017년 외국인 기능실습제도 대상에 개호 분야를 추가하는 등 외국 인력 도입을 확대했다. 그 결과, 2023년 기준 외국인 개호 분야 종사자는 EPA(Economic Partnership Agreement ; 경제협력협정)를 통한 개호복지사 및 후보자 3,213명, 체류자격 6,284명, 기능실습생 1만 5,011명, 체류자격 특정 기능 1만 9,516명 등 총 4만 4,000여 명으로 늘어났다. 이는 개호 인력 전체의 2.1%에 불과한 수로 여전히 더 많은 인력이 필요하다.

외국인 개호 인력 확보를 위해 개호복지사 자격을 취득하고 활동하는 외국인에게 체류 기간 갱신 횟수를 제한하지 않는 등 사실상 영주 가능한 방식을 운용하고 있다. 그러나 일본 개호복지사 시험 합격까지의 과정이 매우 어려워 중도 포기하거나 시험에 불합격하여 귀국하는 사례도 발생하고 있다. 이에 체류 기간을 1년 연장해 주거나 기한 내 시험에 불합격하면 귀국 후 '단기 체류'로 재입국하여 재시험을 볼 수 있게 하는 등 외국 인력 확보를 통한 안정적인 개호 인력 확보에 노력을 기울이고 있다.

2024년 3월 한국은행의 '돌봄 서비스 인력난 및 비용 부담 완화 방안' 보고서에 따르면 2032년 한국의 간병인 부족 인원은 최소 38만 명, 최대 71만 명으로 예상된다. 한국의 돌봄 종사자 증가는 어려운 반면 서비스가 필요한 고령 인구는 급격하게 증가하고 있다. 수요 공급의 불일치가 점점 심해지고 있다. 간병비 또한 월평균 370만 원으로 고령 가구(65세 이상) 중위소득의 1.7배 수준이다. 높은 비용은 비자발적 요양원 입소, 여성 경제활동 제약, 저출생 등의 문제를 초래할 수 있다.

노노(老老) 상속

일본은 남녀 평균수명이 80세가 넘는 장수화로 상속인과 피상속인 모두 고령층이 되는 '노노 상속'이 확산하고 있다. 2024년 경제재정백서에 실린 정부 자료를 분석한 결과, 2022년 기준, 유산 상속인 중 50대는 27%였고, 60세 이상이 52.1%에 이르는 것을 볼 수 있었다. 상속인 절반 이상이 환갑 이후에 재산을 물려받는다는 것이다.

일본의 노노 상속이 늘어난 배경에는 평균수명의 증가가 있다. 일본의 고령자들은 자녀의 생활 수준을 높이기 위해 조금이라도 더 많은 유산을 물려주려고 한다. 일본 총무성이 실시한 2023년 가계조사에 의하면, 70세 이상 고령자 가구 평균 소비액은 전체 가구보다 낮으나 저축 잔고는 높은 것으로 나타났다. 노노 상속으로 사회 전반의 소비·투자 감소, 인지증으로 인한 자산동결 등이 우려된다. 일본은 평균수명 증가와 고령자의 안정 추구 성향이 겹쳐 현금을 집에 쌓아두는 장롱 예금 현상이 나타난다. 그러한 이유로 현금 보관용 개인 금고 판매도 크게 늘고 있다.

인지중 고령자들이 보유하고 있는 동결 금융자산인 '인지중 머니'도 증가하고 있다. 일본 다이이치 생명경제연구소는 2030년이 되면 이 자산의 규모가 무려 215조 엔(약 2012조 원)까지 늘어날 것으로 보았다. 일본 국내총생산의 40%에 맞먹는 수준이다. 일본은 노노 상속의 부작용을 방지하기 위한 제도적 장치를 마련하였다. 2022년부터 60세 이상 부모가 18세 이상 자녀나 손자녀에게 재산을 증여하면 일정 규모의 교육비나 육아비에 대해 증여세를 면제해 주는 '부(富)의 회춘(回春)'정책을 추진하고 있으며, 가족에게 인지중이 생기기 전에 미리 자산관리를 위탁하는 '성년 후견제도'를 적극적으로 활용하도록 유도하고 있다.

한국의 국세청 통계자료를 분석한 기사에 따르면, 2023년 80대 이상 고령층의 유산이 20조 3,200억 원(재산 가액 기준)으로 집계됐다. 20조 원을 넘어선 것은 이번이 처음이며 5년 전(6조 6,100억 원)과 비교하면 3배가 넘는 규모이다. 한국 정부도 상속 문제해결을 위해 다양한 대책을 마련하고 있다. 상속세 및 증여세법 개정이 대표적이다. 한국 사회도 고령화로 인한 상속인과 피상속인의 연령이 증가하고 생존 배우자의 기대수명이 늘어나는 등 상속시장에 커다란 변화가 일어나고 있다.

03
사회 속 표류자가 된 고령층

노후 파산

일본 고령층 인구의 삶이 점점 더 팍팍해지고 있다. 과거 일본 고령자는 부유하다고 알려졌지만 잃어버린 30년을 거치면서 노후 파산에 처하는 경우가 증가하고 있다. 가구별 소득 격차도 벌어지면서 고령자 간의 부익부 빈익빈도 심각하다는 분석이다.

요미우리 신문 등 현지 언론은 일본 후생노동성이 발표한 조사보고서를 인용해 "급속한 고령화 진행 속도와 고령층 부모 부양이 어려운 청년 저소득층 증가 현상이 더해지면서 사회 곳곳에서 소득 격차 문제가 심화하고 있다."고 밝혔다.

2014년 일본 NHK는 〈노인 표류 사회 '노후 파산'의 현실〉이라는 특집 프로그램을 방영하였다. 돈이 없어 병원에 가지 못하고 하루 1,000엔으로 끼니를 해결하고, 전기가 끊기고 대인관계도 끊겼다는 내용이다. '장수는 악몽'이라며 방송에 담지 못한 내용을 《노후 파산》이라는 책으로 출간했다.

방송이 나간 뒤 일본 각종 미디어에서 고령자의 빈곤 실태 기사를 내놓았지만, 고령자의 빈곤 문제 전체를 다룬 알기 쉬운 자료는 나오지 않았다. 오히려 현상 일부에만 초점을 맞춘 보도기사가 많아 노후에 대한 불안만 확산한 계기가 되었다.

　일본의 고령자는 경제 성장기에 생활했기 때문에 집도, 연금도 있고, 정년까지 은퇴 염려 없이 일했는데, 왜 '노후 파산'이 문제가 된 것일까? 그 원인으로 '적은 저축액, 의료비와 돌봄 비용의 증가, 높아진 생활 수준, 주택담보대출 등 주거비 부담, 자녀 교육비 부담, 황혼이혼, 사기 피해에 쉽게 노출' 등을 짚을 수 있다. 급기야 노후 파산 외에도 빈곤층으로 하락한 고령층을 가리키는 '하류 노인'이나 '노인 지옥' 등의 신조어도 등장하였다.

하류(下流) 노인이 온다

　'하류 노인'은 비영리법인(NPO) 홋토플러스의 이사 후지타 다카노리가 2015년 발표한 〈하류 노인이 온다〉에서 나온 용어이다. 하류 노인이란 '보통의 생활이 불가능하며 하류 생활을 할 수밖에 없는 고령자, 기초생활수급액으로 생활하는 고령자나 그렇게 될 우려가 있는 고령자'를 뜻한다. 다카노리는 빈곤한 고령자를 하류 노인으로 개념화했다.

　〈하류 노인이 온다〉에서는 하류 노인의 특징으로, '연금 등 수입 부족, 부족한 저축액, 의지할 사람이 없어 사회적으로 고립된 상태' 세 가지를 들었다. 하류 노인의 악영향은 다음과 같다. 첫째, 부모와 자녀 세대의 공동 파산. 가족 중 누군가 하류 노인이 된 경우 그 자녀들도 파산의 위기가 올 수 있다. 둘째, 가치관의 붕괴. 고령자 부양으로 젊은 세대가 같이 파산하는 사태에 이르면, 하류 노인을 중심으로 '고령자는 거추장스러운 짐'이라는 인식이 퍼질 수 있다. 셋째, 저출산 가속. 하류 노인을 보며 아이를 낳아 가족을 이루는 것을 노후 위험성으로 인식할 수 있다.

일본의 하류 노인은 60세 이상 전체 고령자 3,500만 명 중 700만~1,000만 명에 달하는 것으로 추산되며, 그중 약 700만 명(약 22%)이 노후 빈곤 상태에 있다. 중증 질환 치료비, 성인 자식 부양, 황혼 이혼율 증가로 재산 분할, 인지증 등의 원인으로 고령자 빈곤 수가 늘어나고 있다.

더욱이 2050년이 되면, 일본 내 65세 이상 고령 가구가 전 가구의 절반가량인 45.7%에 이를 것으로 예상된다. 고령 인구 증가와 빈부 격차로 인한 하류 노인 문제는 일본의 고질적인 사회문제로 지적되고 있다. 일본의 고령자 빈곤 문제는 노후를 가족에 의존하는 강한 국민성에서 시작되었다. 비정규직의 증가 및 핵가족화 등으로 자녀에게 재정지원을 기대할 수 없는 상황이 되어 노후생활의 안전망이 붕괴되었다.

한국도 2025년 초고령사회로 진입했다. 한국의 노인 빈곤율은 약 40%로 일본의 2배 수준이다. 일본의 하류 노인 문제는 이미 한국 사회 곳곳에서 진행되고 있으며, 심각한 문제가 되고 있다. 법원행정처에 따르면 지난해 기준 전국 법원에 접수된 개인 파산 신청자 10명 중 4명 이상(43.4%)이 60세 이상으로 나타났다. 전문가들은 "한국의 하류 노인 대량 양산은 당연한 귀결이다. 늙어가는 속도와 빈곤 노인에 대한 대응 노력을 참작했을 때 예고된 결과나 마찬가지다."라고 말한다.

양로원이 되어가는 일본 교도소

〈감옥에 가기로 한 메르타 할머니〉라는 스웨덴의 소설이 있다. 이 소설은 노후대책으로 교도소에 들어가기 위해 일부러 범죄를 저지르는 할머니들의 이야기이다.

"요양원에서 생활하는 79세 할머니가 요양원의 단순한 케어 서비스에 불만을 느끼고 있던 차에 어느 날 TV를 보게 된다. '교도소에서는 균형 잡힌 세 끼 식사에 매일 산책을 시켜주고 다양한 문화프로그램도 들을 수 있다'는 내용이다. 할머니는 TV를 보고 난 뒤, '차라리 감옥에 가는 것이 낫겠다'면서 요양원 친구들과 5인조 강도단을 만들어 범행을 모의한다."

일본에서는 십수 년 전부터 노후대책으로 재소자가 되는 소설 같은 일이 일어나고 있다. 일본의 65세 이상 고령자 범죄 비율은 20년 동안 꾸준히 증가하고 있으며, 자발적으로 교도소를 선택하는 고령자들이 늘고 있다. CNN은 따르면 일본 교도소에 수감된 고령자 수가 10년 사이 약 4배 증가했다고 보도했다. 일본의 2024년 한 해 범죄 중 고령자 범죄의 비율은 10% 이상일 것으로 예상된다. 교도소에 수감되어 있는 고령자들의 죄목은 비교적 사소한 채소나 과일 등의 식료품 절도가 많다.

사회 복귀 시설에 수감되었던 한 고령자의 사례이다.

"연금 수령 나이가 됐지만 곧 돈이 바닥났는데 그 순간 감옥에 가면 돈이 들지 않을 거란 생각이 떠오른 것이죠. 그래서 자전거를 타고 경찰서로 가서 '이것을 훔쳤어요'라고 자백했습니다."

단순 절도이지만 그는 징역 1년을 선고받아 복역했고, 출소하자마자 다시 위협성 범죄를 저지르고 4년을 감옥에서 지냈다. 왜 그렇게 사느냐고 물었을 때 돌아온 대답은 "썩 좋아하는 것은 아니지만 그래도 돈 없이 살 수 있다."였다.

스스로 감옥에 간 사연도 다양하다. 프라이팬을 훔쳐서 2년 6개월 징역형(80세, 전과 4범)을 받거나, 크로켓과 부채를 훔쳐 3년 2개월 징역형(80세, 전과 4범)을 받은 사람, 콜라와 주스 절도로 징역형(74세, 전과 3범)을 받은 사람 등 스스로 교도소를 선택한 고령자들의 단순 절도 행각은 다양하고 반복적이었다.

여성 고령층의 범죄율이 급격히 증가하는 특이한 현상이 일어나고 있다. 교도소가 독신 여성 고령자들에게 천국이 되고 있다는 사실이다. 여성들이 노년에 교도소를 제 발로 들어간 사연에는 여성 문제가 얽혀 있다. 여성이 남자보다 가난한 데 비해 평균수명이 길어 혼자 사는 기간이 길며, 가부장적 문화에 따른 소외감 수반 등이다. 교도소에서는 혼자 사는 여성 친구를 사귈 수 있고, 목욕 서비스와 화장실 이용 시 도움도 받을 수 있어 안정된 생활을 할 수 있다는 것이다.

최근 교도소에 고령 수감자가 늘면서 환경이 변하고 있다. 교도소 운영 경비가 급증하고 있다. 추가 경비는 대부분은 돌봄 인건비로 나타났다. 여성 고령자 재소자들의 목욕 서비스와 화장실을 제공하는 도우미를 대거 고용했기 때문이다. 이들이 퇴근하면 간수들이 돌봄 서비스를 제공해야 한다. 이에 따라 교도관들의 부담도 늘어나고 있다. 일본 정부는 지자체와 연계해 독거 고령자 돌봄 서비스를 강화하고 있지만 보살핌이 미치지 않는 지역은 교도소가 요양원이 되어가는 셈이다.

이에 일본 법무성은 2014년부터 복지 담당자와 개호 복지사를 배치하고, 2020년부터는 개호 복지사와 작업치료사 등을 채용하고 있다. 고령 수감자는 노동을 하는 대신 재활 치료를 받기도 한다. 또한 2025년부터 형벌을 '구금형'으로 일원화하는 개정법이 시행되면 고령 수감자는 무리하게 작업에 투입되지 않는다.

2015년 일본 정부가 고령 수감자 지원을 위해 지출한 비용만 60억 엔(한화 약 607억 원)이다. 1명당 420만 엔으로 한화로 약 4,255만 원이 소요되었다. 범죄학 전공 하마이 고이치 류코쿠대 교수는 "70대 이상 출소자가 일부러 무전취식을 반복해 교도소로 돌아가려는 경우도 있다."며 사회에서는 쉽게 고립되지만, 교도소에서는 고립되지 않기 때문이라고 했다.

 일본에서 고령자 범죄가 증가하는 이유는 빠른 고령화뿐만 아니라 가족도 친구도, 머물 곳도 없는 빈곤 고령자의 증가 때문이다. 배우자 없이 홀로 살다 아무도 모르게 죽음을 맞이할지도 모르는 이들에겐 오히려 감옥이 안전한 공간처럼 느껴질 것이다. 교도소에서는 비슷한 처지의 고령자들과 같이 지내며 외로움을 덜 수 있고 식사와 건강관리도 보장받을 수 있기 때문이다.

 이처럼 홀로 사는 고령자가 어려운 생계와 고독감 등을 이기지 못하고 '자발적 감옥행'을 선택하는 모습에서 일본 고령화사회의 슬픈 단면을 볼 수 있다. 이러한 고령자 범죄율 증가 현상에 따른 교도소가 양로원이 돼버린 것에 대해 일본 사회복지시스템을 개정해야 한다는 목소리도 있다.

 한국도 최근 고령자 관련 범죄가 문제가 되고 있다. 강도, 방화, 성범죄 등 고령자에 의한 범죄 빈도가 높아지고 있다. 대검찰청의 범죄 관련 2023년도 분석에 따르면, 2015년~2021년 고령자 범죄 비율이 5.3%에서 10%로 2배가량 증가한 것으로 나타났다. 2024년 전체 범죄 중 고령자 범죄가 10% 이상 차지할 것으로 예상했다. 2021년 고령자의 재산범죄(절도·횡령·사기 등) 비율도 전체의 11.5%를 차지하였다.

 고령자 범죄는 고령자의 빈곤과 관련 있어서 사회적 분석과 대안 마련이 시급하다. 외로움 등 노년기에 나타나는 고령자 문제를 해결하기 위해 단순 절도로 스스로 감옥행을 선택한 일본 사례에서 보듯이, 촘촘한 사회복지서비스 지원과 사회적 단절을 예방하는 정책들을 새롭게 설계할 것이 요구된다.

04
숨어버린 사람들, 은둔형 외톨이

은둔형 외톨이 146만 명

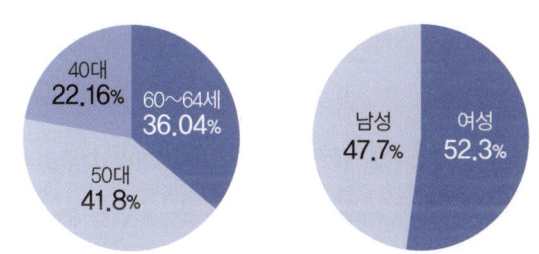

일본 중장년층(40~64세) 은둔형 외톨이 연령대별 · 성별 비율

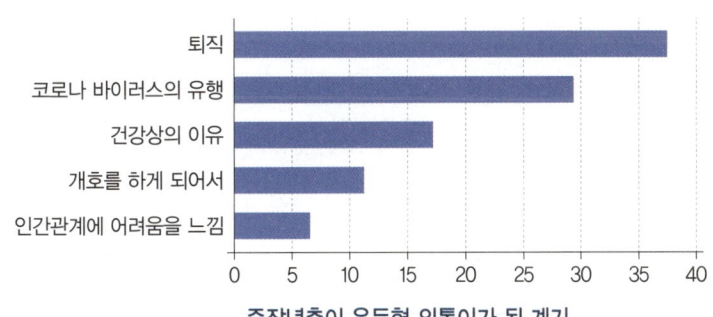

중장년층이 은둔형 외톨이가 된 계기

자료 : 일본 내각부 2022년 통계(こども · 若者の意識と生活に関する調査)

'히키코모리(ひきこもり)'는 집이나 방에 틀어박혀 나오지 않는 '은둔형 외톨이'를 뜻한다. 일본 후생노동성은 은둔형 외톨이를 '취업, 취학 등 다양한 요인으로 사회활동을 회피하고, 6개월 이상 집에서 머무르고 있는 상태'라고 정의한다. 1990년대 일본의 경제 버블이 꺼지면서 은둔형 외톨이 문제가 불거졌다. 2000년대 초까지 대학을 졸업하고도 일자리를 제대로 구하지 못한 청년층이 은둔·고립으로 내몰리게 됐다. 은둔형 외톨이 문제는 베이비붐 세대인 단카이 세대와 연결되어 있다.

일본 아사히신문과 요미우리신문의 2022년 보도에 따르면, 15세부터 64세 사이의 인구 중 약 146만 명이 은둔형 외톨이인 것으로 추산된다고 한다. 일본에서 은둔형 외톨이라는 개념이 처음 나왔을 때는 청년 세대만의 문제로 여겼다. 지금은 전 세대에 걸친 문제로 인식되고 있다. 중년이 되었음에도 은둔·고립에서 벗어나지 못하는 것이다. 사회생활을 하던 중·장년층도 실업, 부모 간병 등으로 스스로 고립하곤 한다.

재팬 타임스 등 여러 언론은 '패러사이트 싱글(Parasite Single ; 부모에게 기생하는 독신)'의 고령화가 향후 일본 사회를 위태롭게 만들 주요 위험 요인이라고 한다.

7040, 8050 문제

30~40대 은둔형 외톨이의 생계를 일본 베이비붐 세대인 70대 부모가 책임지는 '7040 문제', 그리고 더 심각한 '8050 문제'가 사회적 이슈로 떠오르고 있다. 이 문제의 주된 당사자인 그들은 점점 더 사회적·정책적 관심의 중심이 되고 있다.

은둔형 외톨이는 이전까지는 청년층의 문제로 여겨졌으나, 최근 40대부터 60대까지의 중장년층에서도 증가하고 있다. 1990년대부터 청년이었던 은둔형 외톨이가 중·장년이 되어도 고립을 벗어나지 못하는 현실이다. 이러한 현실은 부모가 은둔

자녀와 동반 자살을 감행하거나, 반대로 자녀가 부모를 폭행해서 죽이고도 부모의 연금을 받으려고 그 시신을 집 안에 방치하는 극단의 사례 등으로 종종 나타나고 있다.

2020년 5월, 일본 아이치현에서 87세 아버지와 55세 아들의 시신이 발견됐다. 같은 해 12월, 도쿄의 한 아파트에서도 91세 어머니와 66세 아들이 같은 비극을 맞았다. 부모의 죽음 이후 함께 생을 놓아버리는 동시 고립사, 혹은 부모의 연금이 끊기면서 생활고에 시달리다 굶어 죽는 중년 은둔형 외톨이 문제는 최근 몇 년간 일본 사회에 계속 보도되고 있다. 고령의 부모가 50대 은둔형 외톨이 자녀를 연금 수입으로 겨우 부양하다 빈곤에 빠지거나 우울증을 겪는 사례도 있다. 은둔이 장기화되면서 부모와 자녀의 생존에도 영향을 미치고 있다.

'8050 문제'는 고령자 빈곤뿐만 아니라 부모와 자녀의 '동시 고립사' 등 심각한 사회적 비극으로 이어지고 있다. 《8050 문제 : 중·고령 은둔형 외톨이, 7가족의 재생 이야기》의 저자인 쿠로카와 쇼코는 이 문제를 "80대 부모에게 50대 미혼 자녀가 있는 상황에서 파생하는 문제"라고 말했다.

고학력 청년의 '괜찮은 직장' 취업이 힘들어지는 현실에서 8050 가정도 점점 늘어날 전망이다. 이 문제는 90대 부모가 60대 자식을 부양하는 '9060의 문제'로 진화하고 있다. 이는 은둔형 외톨이가 초고령사회 현상과 맞물린 결과이다.

일본 정부는 이처럼 은둔형 외톨이 문제가 중·고령층으로 확대되자, 2021년에 고독·고립 대책 담당실을 설치하고, 2022년 '고독·고립 대책 추진법'을 제정하는 등 생활보장제도를 보강하고 있다. 은둔형 외톨이 관련 전문가들은 문제해결을 위해 사회구조의 변화와 가족에 대한 지원이 중요하다고 강조한다. 은둔형 외톨이를 당사자와 가족에게 책임을 지게 하기보다 사회 전체가 이들의 자립과 사회 복귀를 지원하는 체계를 구축해야 한다는 지적이다.

일본의 문제로 여겨졌던 은둔형 외톨이가 이제 한국에서도 점점 늘어나고 있다. 한국 보건사회연구원과 한국 통계진흥원이 실시한 공식 조사에 따르면, 2022년 기준 19~34세 인구의 2.4%인 약 24만 명이 은둔형 외톨이로 추산된다. 전문가들은 이 추세라면 머지않아 한국의 은둔 중·장년층 비율이 일본을 넘어설 것이라고 보고 있다.

05
죽어야 보이는 사람들, 고독사

일본의 '고독사'는 2010년 NHK의 특집 〈무연사회〉를 통해 사회문제로 논의되기 시작하였다. 신분 불명의 자살자와 고독사 등을 '무연사'로 정의하면서 무연사가 연간 3만 2,000건에 이른다고 보도돼 일본 사회에 충격을 안겨주었다.

고독사는 자택 사망자 중 사망 이후 2일 이상 경과한 경우, 혹은 사건의 가능성이 없고 임종 시 누구의 보살핌을 받지 못하고 자가에서 사망한 자 중 사후 2일 이상 경과 후 발견된 경우로 규정하고 있다.

2024년 일본 정부는 시행한 '고독사 실태 조사' 결과, 한 해 동안 6만 8,000여 명이 자택에서 홀로 사망하는 것으로 추산된다는 공식 통계를 발표했다. 이 통계에서 65세 이상의 고령자만 약 1만 7,034명으로 80%가량 차지했다. 연령이 올라갈수록 고독사 규모는 늘어났으며, 85세 이상은 4,922명으로 나타났다. 일본의 연간 고독사 규모는 한국에 비해 약 20배 많은 것으로 추정된다.

고독사가 사회적 문제가 된 지 오래지만, 그 현황에 대해 공식 발표된 전국 조사는 존재하지 않는다고 한다. 그 이유는 고독사에 대한 명확한 정의를 내리기 어렵기 때문이다. 이러한 고독사 통계에서 고령자가 많은 일본의 심각한 고독사 실태를 파악할 수 있으며, 고독사가 증가하는 배경에는 심화한 일본의 고령화 현상이 있음을 알 수 있다.

동거 고독사

최근 '동거 고독사'라는 새로운 유형의 고독사가 눈에 띄게 증가하고 있다. 동거 고독사란 '함께 사는 가족이 있음에도 자택에서 사망한 후 일정 기간이 지나 발견되는 경우'를 말한다.

가족이 같이 살고 있음에도 불구하고 왜 이처럼 비극적인 죽음이 발생하는 것일까? 오사카에서 보고된 동거 고독사 중 약 30%가 사망자의 동거가족이 인지증을 앓고 있어 외부에 사망 소식을 알리기 어려운 상황인 것으로 나타났다. 이른바 '8050 문제'로 불리는 부모와 자녀의 동반 고령화가 동거 고독사의 배경으로 들고 있다. 고령화가 진행됨에 따라 고령자 부부 세대가 늘어나고, 인지증·와상(누워 있는 상태에서만 생활이 가능한 환자) 고령자의 재가 돌봄의 확대, 돌봄 가족의 돌연사 등이 동거 고독사의 원인이 된다.

'노노 케어'는 일본의 전체 재가 돌봄 세대 중 50% 이상을 차지하고 있다. 75세 이상 후기 고령자의 비율도 전체의 30%를 차지한다는 점에서 고령 부부가 함께 사회적으로 고립되거나 건강이 악화하는 등 동거 고독사의 고위험군이라 할 수 있다.

고독사는 독거 고령자의 증가가 주요 원인으로 지적되지만, 가족이 함께 살아도 외로움을 해소하지 못하는 동거 고독사는 또 다른 문제다. 동거 고독사의 원인은 고령자 부부나 미혼 자녀와 함께 살아도 서로 의지할 수 없는 환경이나 과도한 상호의존, 가족 간 소원한 관계 등이 지적된다. 은둔형 외톨이 등 미혼 자녀와 동거하는 고령층이 꾸준히 증가하면서 동거 고독사의 위험도 커지고 있다. 특히 남성은 여성보다 지역 사회 활동이나 이웃과의 교류가 서툴러 노후에 사회적 고립을 겪기 쉽다.

이에 일본 정부와 지자체는 고독사 예방을 위한 여러 대책을 마련하고 있다. 오사카시는 수도국과 신문판매협회 등과 협력하여 검침·배달 시 고독사 위험이 있는 주민을 발견하면 시청과 경찰, 소방 등에 통보하는 시스템을 운영하고 있다.

고독사는 개인뿐만 아니라 사회 전체가 해결해야 할 과제로 지역 사회의 유대 강화와 사회적 안전망 구축이 요구된다. 남성 고령자의 지역 사회에서의 역할 마련과 함께 중장년 시기부터 이웃과의 교류를 넓히고 일상화할 수 있는 마을 만들기가 중요하다.

고독사가 증가하면서 사후 처리 업무를 담당하는 고독사 관련 특수 청소 사업이 호황을 누리고 있다. 특수 청소 사업은 '쓰레기 집'이나 사망한 거주자의 집에서 유품 정리 및 청소와 사후 행정 처리 등을 전문으로 한다. 고독사 관련 보험 상품도 출시되고 있다. 최근 고독사 관련 보험 상품이 인기를 끌면서 대형 보험사들도 다양한 상품을 판매하고 있다. 이처럼 특수 청소 사업, 고독사 보험 등 고독사 비즈니스가 활성화되고 있다는 것은 고독사가 그만큼 사회적으로 일반화되고 있음을 설명해 준다.

최근 일본 지자체에서는 '엔딩 서포트(Ending Support)'를 행정 서비스 차원에서 시행하고 있어 주민들로부터 주목받고 있다.

국가에서 죽음을 도와주는 제도,
영화 〈플랜 75〉

〈플랜 75〉는 일본 하야카와 치에 감독의 2022년 작품으로, 한국에서는 2024년에 개봉된 칸 영화제 수상작이다. '플랜'은 계획(Plan), '75'는 75세를 말한다. 이 영화는 2016년 사가미하라 장애인 살인 사건을 묘사하고 있다. 당시 20대 범인의 증오 범죄에 중증 장애인 19명이 죽고 27명이 다친 사건이다.

영화 〈플랜 75〉의 이야기는 이렇다. 일본 정부는 심각한 고령화 문제를 해결하기 위해 '플랜 75'라는 제도를 도입한다. 이 제도는 75세 이상의 노인들이 자발적으로 생을 마감할 수 있도록 돕는 프로그램이다. 신청자에게 죽음을 맞이할 절차가 제공되며 마지막까지 불편 없이 살아갈 수 있도록 지원해 준다. 정부는 고령층 부양 예산을 줄여 경제적 효과를 기대하였으나 플랜 75를 신청하는 사람들은 대부분 경제적으로 어려운 빈곤층이었다. 결국 사회는 개선되지 않고 삶의 질만 낮아져 삭막해진다.

〈플랜 75〉는 일본 초고령사회의 위기를 가상 현실로 보여주는 영화이다. 이 영화는 어떠한 상상력을 근거로 등장했을까? 일본 고대 설화 '오바스테야마'(姨捨山)[4]에서 〈플랜 75〉와 비슷한 이야기를 찾아볼 수 있다. 오바스테야마는 일본 나가노현에 있는 산이다. '오바스테'는 '할머니를 버리다'를 의미한다. 가난한 가족이 고령의 부모를 부양할 수 없어 산에 버리고 돌아오는 이야기이다. 이 오바스테야마를 영화로 한 것이 이마무라 쇼헤이의 〈나라야마 부시코〉이다. 영화와 설화를 통해 역사의 시

---

[4] 오바스테야마(姨捨山)의 정식 명칭은 가무리키야마(冠着山)로 일본 나가노현 지쿠마시와 히가시 치쿠마군 지쿠호 쿠촌에 걸쳐 있는 산이다. 과거에는 오바쓰세야마(小長谷山)라 불렸다.

간은 달라도 고령자 학대의 정서가 묘하게 연결되어 있음을 알 수 있다.

초고령사회가 더 심화하여 가는 일본에 있어 2025년은 비상의 해이다. 영화 〈플랜 75〉의 정확한 연도는 언급되지 않지만 단카이 세대가 75세로 진입하는 해인 '2025년'을 암시하는 것으로 보인다. 〈플랜 75〉는 일본 사회가 '2025년 절벽'을 해결할 방법으로 던지는 상상의 극약 처방전이라 봐야 할까? 〈플랜 75〉를 제작한 하야카와 감독은 한국에서 시사회를 하던 자리에서 이렇게 말했다.

"사회의 편협함과 무관심에 대항할 수 있는 가장 큰 힘은 '연민'이다. 영화에 등장하는 두 젊은이가 차츰 현실을 깨달아 가듯, 연민의 힘으로 세상의 희망을 밝혀갔으면 좋겠다."

◆ 시니어 라이프

뇌의 건강 수명을 늘리는 '20가지 행동'

정신과 의사 와다 히데키가 '뇌의 건강 수명'을 늘리는 20가지 행동을 제시했다. 병리학적으로 뇌의 노화는 40대부터 시작된다. 뇌는 인체 장기 중에서도 튼튼한 장기여서 매일 제대로 사용하고, 건강해지는 방법을 조금씩 실천한다면 쉽게 쇠퇴하지 않는다. 뇌를 건강하게 유지하면 인지증 발생위험을 낮출 수 있다.

1. 심호흡
10초 만에 뇌에 활기를 주는 방법이다. 심호흡을 하면 뇌에 많은 산소를 보낼 수 있고 뇌를 활성화하는 데 도움이 된다.

2. 직접 주문하기
여러 가지를 생각하고 선택하면 인지증을 예방할 수 있다. 메뉴 선택마저 다른 사람에게 맡기면 뇌는 점점 쇠퇴한다.

3. 요리
요리는 뇌 훈련에 좋다. 가능한 범위에서 계속하자. 메뉴와 조리 순서를 생각해야 하며, 손끝도 써야 해서 뇌 운동에 적합하다.

4. 과음 금지
우울증 경향이 있으면 술은 절대 금지다. 우울한 기분이 들 때 음주는 우울 증상을 악화한다.

5. 식물 키우기

농업은 뇌업(腦業)이라 할 정도로 식물 재배는 뇌를 쓰는 작업이다. 또한 햇빛을 쐬고, 화초의 힐링 효과도 있어 1석 3조의 효과가 있다.

6. 반려동물

동물을 기르는 것은 마음과 몸에 긍정적 효과를 준다. 동물에게 말을 걸고, 체온을 느끼면 고독감과 소외감을 없애 준다.

7. 연애

좋아하는 사람이 있다면 자연히 뇌도 몸도 젊어진다. "채신머리없게.", "꼴불견이네."라고 생각하는 것은 노화가 시작된 뇌의 변명일 뿐이다.

8. 노래

노래하면 산소를 많이 마신다. 노래할 때 숨을 크게 들이쉬는데, 그만큼 뇌와 전신에 산소를 듬뿍 보내서 활성화할 수 있다.

9. 그림

그림을 그리면 세로토닌이 증가해 우울병을 예방할 수 있다. 그림에 집중하여 붓질을 하면 스트레스를 덜어 주는 효과가 있다.

10. 구경

라이브 공연과 현장 스포츠같은 비일상 체험은 뇌에 자극과 활기를 준다. 전두엽은 신기한 것에 반응하기 때문에 뇌가 활성화된다.

11. 여행

미지의 곳에서 예기치 않은 일들이 뇌를 활기차게 해준다. 여행을 가면 호기심이 커지고, 관찰력과 주의력도 활발해져서 뇌에 긍정적인 영향을 준다.

12. 멋 부리기

멋은 스스로 할 수 있는 행동요법이다. '적절한 사치'가 행동 범위를 넓혀주고 감정을 젊게 하며 뇌를 활성화한다.

13. 사치

돈을 쓰는 것은 뇌를 쓰는 것이다. 돈을 무덤까지 가지고 갈 수 없다. 적절한 사치는 뇌를 젊어지게 한다.

14. 혼자 살기

혼자 사는 편이 인지증이 덜 악화된다. 가족에 의존하지 않고 스스로 머리와 몸을 쓰며 사는 것이 인지증 진행을 늦추어 준다.

15. 살찌기

체중이 조금 더 나가는 편이 건강하게 장수할 수 있다. 저영양으로 오래 살 수 없다. 적당히 살이 붙은 사람이 건강 수명이 더 길다고 한다.

16. 추리

뇌는 쓰면 쓸수록 건강해진다. 뇌가 녹슬지 않도록 매일 "왜?"라고 생각하는 습관을 가지자. 의문을 가지고 생각하면 인지증 예방에 도움이 된다.

17. 토론

토론은 아무리 고령이라도 '뇌의 출력 훈련'이 된다. 가끔 다른 사람들과 논쟁을 하는 것은 뇌의 출력 훈련에 아주 좋다.

18. 즐기기

즐기는 것을 그만두면 안 된다. 버나드 쇼는 "늙어서 즐기지 못하는 것이 아니라 즐기지 않아서 늙는다."고 했다. 나이의 벽을 넘어서야 한다.

19. 낙관적인 사고

'어떻게든 되겠지.'라며 밝고 낙천적으로 생각하는 사람일수록 인지증 진행이 늦고 우울증이 동시에 발생할 위험이 낮다.

20. 웃음

웃으면 전두엽에 혈류가 증가하고 면역력은 높아진다. 잘 웃는 사람일수록 인지증이 오지 않는다는 연구 결과가 있다. 70, 80대에 웃으면 인지증이 오지 않는다.

출처 : 《치매의 벽》, 와다 히데키, 지상사, 2024.

2

지역 돌봄의 핵심,
지역포괄케어

01
인지증의 시대

　일본은 세계에서 인지증 환자 수 증가율이 가장 높으며, 국가 전체가 '인지증과 공생하는 사회'로 나아가고 있다. 일본은 1970년에 이미 고령자 인구 비율이 7%를 상회하는 고령화사회에 진입했다. 1994년 14%를 초과하여 고령사회로, 2007년 초고령사회로 진입하였다.

　2024년 5월 일본 후생노동성은 인지증 환자가 2022년 443만 명(65세 고령자 중 12.3%), 2030년 523만 명(14.2%)으로 8년 만에 80만 명이 늘어나고, 2040년 584만 명(14.9%), 2060년 645만 명(17.7%)까지 급증할 것으로 추계했다. 인지기능 저하를 겪는 '경도인지장애'는 631만 명으로 전년 대비 13% 증가할 것으로 전망하였다. 인지증 환자와 경도인지장애 인구를 합친 수가 총 1,217만 명으로 일본 인구의 약 30%에 달하게 된다.

　일본 정부는 인지증을 '국민병'으로 인식하고 심각한 문제로 받아들이고 있다. 인지증은 고령자에게 많이 발생하지만 65세 미만의 연령층도 발생할 수 있기에 일본은 인지증 대상을 '고령자'로 한정하지 않고 '사람', 즉 전 국민 대상 질병으로 규정하고 있다.

　일본의 인지증 정책은 고령화 및 고령자복지정책 상황을 감안하여 주기적으로 개선하는 단계적 방식을 취하고 있다. 1단계가 1989년 골드플랜 책정 이전의 고령자복지 한 분야로 접근하던 단계였다면, 2단계는 신오렌지플랜 이전까지의 후생노동성 중심의 대책 단계이며, 3단계는 2015년 신오렌지플랜 이후 국가 전략 차원의 접근 단계라고 할 수 있다. '오렌지'라는 명칭은 인지증 서포터가 손목에 차고 있던 '주황색 링'에서 따온 것으로 알려져 있다.

　일본은 2023년 '공생사회 실현을 위한 인지증 기본법'을 제정했다. 이 법은 인지증 관련 시책을 종합적이고 계획적으로 추진하여 인지증을 앓는 사람을 포함한 국민 개개인이 그 개성과 능력을 충분히 발휘하고, 서로 존중하면서 의지하며 공생하는 활력 있는 사회의 실현을 추진하는 것을 목적으로 하고 있다.

고령화와 인지증 관련 정책

- 1963년 노인복지법 제정(특별양호노인홈 창설 등)
- 1970년 고령화사회 진입
- 1982년 노인복지법 제정(질병예방)
- 1984년 인지증 케어에 관한 연수사업 개시
- 1987년 '후생성 인지증성노인대책추진본부 보고서' 발간
- 1989년 골드플랜(고령자 보건복지 추진 10개년 전략)
- 1992년 인지증 대응형 데이 서비스센터 개시
- 1994년 **신골드플랜, 고령사회 진입**
- 1997년 인지증 대응형 그룹홈 개시
- 2000년 **개호보험법 시행, 골드플랜21**
- 2003년 '고령자개호연구회보고서' 발표
- 2004년 치매에서 인지증으로 용어 변경
- 2005년 **지역포괄케어 시스템 도입**
- 2005년 인지증 서포터 양성 연수 개시
- 2006년 주치의 인지증 대응력 향상 연수 개시
- 2007년 **초고령사회 진입**
- 2008년 '인지증 의료와 생활의 질을 제고하기 위한 프로젝트 보고서' 발표
- 2012년 **오렌지플랜(인지증 시책 5개년 계획)**
- 2015년 **신오렌지플랜(인지증 시책 추진 종합전략)**
- 2019년 인지증 시책 추진 대강(2019~2025년)
- 2023년 **인지증 기본법 제정**

한국의 인지증 유병률

한국 보건복지부의 2023년 인지증 역학조사 결과에 의하면, 2025년 인지증 환자 수는 97만 명(인지증 유병률 9.17%)으로, 고령자 인구 10명 중 1명 정도가 인지증 유병자인 셈이다. 인지증 환자 수가 100만 명을 넘는 시점은 2026년이며, 200만 명을 넘는 시점은 2044년으로 추정한다. 인지증 위험성이 높은 경도인지장애 진단자는 2025년 298만 명(경도인지장애 유병률 28.12%)이며, 2033년에는 400만 명에 진입할 것으로 추정됐다.

연령별 인지증 유병률은 75세 이상부터 급격히 상승하고, 85세 이상은 20%를 초과하여 연령이 증가할수록 인지증 유병률이 높아지는 것으로 나타났다. 65~69세가 4.99%, 70~74세가 5.03%, 75~79세가 10.70%, 80~84세가 15.57%, 85세 이상이 21.18%로 나타났으며, 성별로는 여성이 61.25%로 남성 50.76%보다 훨씬 높게 나타났다. 인지증 환자의 가구 형태는 1인 가구 52.6%, 부부 가구 27.1%, 자녀 동거 가구 19.8% 순이었고, 중증도가 높은 가구에서 자녀 동거 가구 비율이 높은 것으로 조사되었다.

돌봄 과정에서 어려움은 경제적 부담이 가장 높았다. 인지증 환자 1인당 연간 관리 비용은 지역 사회가 1,733.9만 원, 요양병원·시설이 3,138.2만 원으로 조사되었고 보건·의료비보다 돌봄비의 비중이 높았다. 요양병원·시설 입원(소) 전 가족 돌봄 기간은 27.3개월, 돌봄 중단 사유로는 가족원의 경제·사회활동으로 24시간 돌봄 어려움이 27.2%, 증상 악화로 가족들 불편이 25%로 나타났다.

한국은 인구 고령화로 인지증 환자가 지속 증가할 것으로 예상됨에 따라 선제적으로 인지증을 예방하고 인지증 환자와 가족들의 부담을 경감할 수 있는 다양한 정책 추진이 요구된다.

02
의료와 돌봄을 동시에, 지역포괄케어시스템

　인지증 강국으로 불리는 일본은 인지증 환자가 '존엄과 희망'을 갖고 인지증과 함께 살아가고, 인지증의 유무와 상관없이 같은 지역 사회에서 살아간다는 '공생'과 인지증에 걸리지 않거나 인지증 증상을 늦추는 '예방'이라는 두 가지 기조 아래 다양한 인지증 대책이 추진되고 있다.

　일본은 '공생과 예방'이라는 두 가지 기조에 따라 인지증을 가진 사람이 지역 사회의 일과 연계해서 서비스를 제공받는 다양한 고령자 홈, 데이 서비스(한국의 주간보호센터)가 있다. 간병 및 데이 서비스를 인지증 환자가 한정된 공간에서 하루를 보내지 않고 열린 사회로 나와서 자기답게 살아간다는 의미이다.

　일본은 2005년 개호보험법을 개정하여 '지역포괄케어시스템'을 도입했다. 이 시스템은 고령화로 인해 증가하는 의료·개호보험료의 부담을 줄임과 동시에 의료와 돌봄을 비롯한 복합적 욕구를 지닌 고령자들이 속한 지역 사회에서 존엄한 생활을 보낼 수 있는 시스템이 필요하다는 인식에서 출발했다.

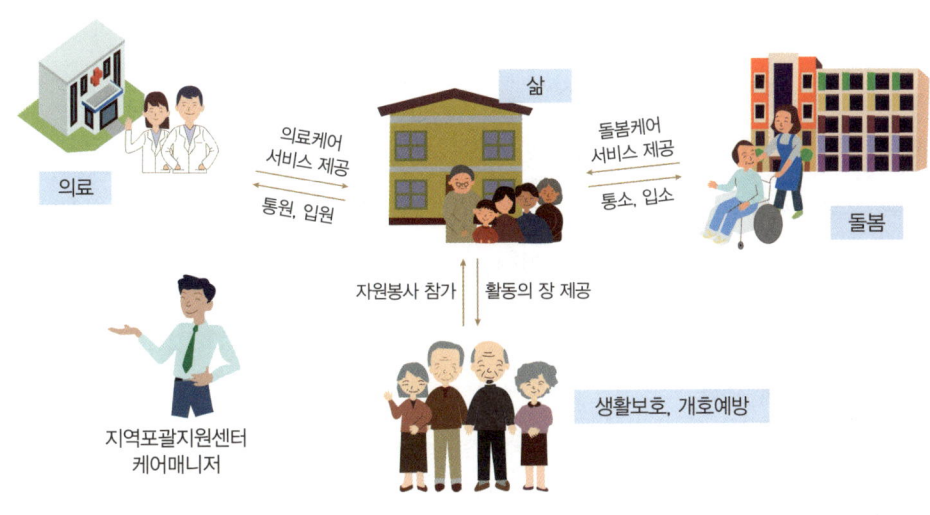

지역포괄케어 시스템의 개요

자료 : 일본 후생노동성

　일본의 인지증 정책은 '지역포괄케어(통합돌봄)'에 기반을 두고 있다. 이는 "장애가 있는 고령자도 거주지에서 계속 생활할 수 있도록 지역 사회의 다양한 자원을 활용해 끊김 없이 서비스를 제공하는" 시스템이다. 지역포괄케어의 핵심은 '자립'이다. 의료와 돌봄이 필요한 인지증 환자도 집에서 여생을 보낼 수 있도록 하는 데 초점을 둔다.

　이 서비스를 지원하는 주체는 '지역포괄지원센터'이다. 지역 사회의 고령자 클럽, 자치회, 자원봉사 단체, NPO(비영리법인) 등이 연계하여 지원·활동하고 있다. 지역포괄케어는 지역 사회 시니어를 중심으로 이루어진다.

　일본의 고령자 돌봄 핵심 정책인 지역포괄케어시스템은 지역에 사는 고령자들을 가족이 돌보지 않더라도 지역 사회가 일상생활, 의료, 간병 등의 문제를 담당하는 시스템이다. 시가현 히가시오미시의 한 마을에서는 '마을 전체를 하나의 병원으로'

라는 슬로건으로 지역 중심 케어를 실천하고 있다. 2007년부터 매달 한 번씩 내과·신경과 전문의와 치과의사, 간호사, 보건사, 약제사, 작업치료사, 케어 매니저, 지자체 공무원 등 의료, 요양, 행정 등 각 분야의 관계자들이 고민 사례를 공유하면서 지역의 고령자들을 돌보고 있다. 다음 지역포괄케어 사례를 참고하면 한국 사회에서 통합돌봄을 실행하는 데 도움이 될 것이다.

지역포괄케어 사례

- 도쿄도 마치다시 : 초기 인지증 환자에게 사회활동 기회를 제공하는 개호서비스, 생활 지원 코디네이터, 인지증 카페 시정촌 전역 배치
- 효고현 아카시시 : 인지증 등 누범자 갱생 지원제도
- 치바현 마츠도시 : 고령자 학대 방지 네트워크 구축
- 효고현 고베시 : 인지증 환자 사고구제 제도
- 오사카부 마츠바라시 : 복지 택시 요금 지원
- 후쿠오카현 우타나이시 : 인지증 코디네이터 양성 연수
- 군마현 다카사키시 : 고령자 지킴이 이동판매점
- 후쿠이현 후쿠이시 : 인지증 친화적 상점
- 교토부 우지시 : 인지증과 고령자들의 이동 장벽 없애기 사업
- 니가타현 산조시 : 인지증 포함 고령자가 자기 거주지에서 의료요양 서비스 기관 방문, 이용할 수 있도록 한 '공공교통 수단의 확보 유지 사업'
- 후쿠오카현 오무타시 : 인지증이 있어도 안심하고 살 수 있는 지역 만들기 사업

이러한 일본 정부의 인지증 정책과 과제들은 각 지자체가 적극 수용하고, 시간이 지나면서 지역 특성을 반영한 사례와 성과들로 나타나고 있다. 이 책 전반에 걸쳐 소개되는 고령자 대책이나 돌봄 관련한 사례들을 살펴보면, 그 기저에 '전략은 국가에서, 실행은 지역에서'라는 일본 정부의 일관된 인지증 정책을 읽을 수 있으며 또한

지역 사회와 주민 조직 차원에서 다양한 사업, 프로그램들이 세밀하게 실행되고 있음을 알 수 있다.

한국의 '노인 의료·돌봄 통합지원 시범사업'

한국도 일본의 지역포괄케어시스템과 유사한 '통합돌봄' 사업을 시범적으로 추진하고 있다. 급속한 초고령화와 질병 구조의 변화에 따라 의료·돌봄의 수요가 폭발적으로 증가하고 있다. 그동안 방문 요양 위주로 단편적이고 분절적인 서비스가 공급되어 재가 서비스의 양과 질이 여전히 부족한 상황이다.

이를 해결하기 위해 한국형 '노인 의료·돌봄 통합지원 시범사업'을 시행하고 있다. 돌봄이 필요한 노인이 거주지에서 건강하게 살아갈 수 있도록 의료·돌봄·요양·주거·일상생활 등을 지원하는 서비스를 지원받을 수 있는 돌봄 서비스이다. 이 사업은 2023년 7월부터 시작하여 2025년 12월까지 2년 6개월간 운영되며, 2026년 3월부터는 전국적으로 시행할 예정이다. 현재 참여 지자체는 9개 시·도 12개 시·군·구이다.[5]

요양병원(시설) 입원 경계선상에 있는 75세 이상 고령자는 서비스를 받을 수 있다. 주요 연계 제공 서비스는 건강관리(만성질환 건강지원, 다제약품 관리, 건강백세 운동 교실), 의료(재가 의료급여 시범사업, 일차 의료 방문 진료 시범사업), 돌봄(노인 맞춤 돌봄, 인지증안심센터, 도시락 지원, 스마트 돌봄), 장기 요양(방문 요양·목욕·간호, 주·야간 보호, 복지 용구, 재택 의료센터 시범사업), 주거(주거환경개선, 케어 안심주택) 등이다.

---

5) 광주광역시(서구·북구), 대전광역시(대덕구·유성구), 경기도(부천시·안산시), 충북(진천군), 충남(천안시), 전북(전주시), 전남(여수시), 경북(의성군), 경남(김해시)이다.

03
사회적 편견을 깨는 사람들

인지증 장벽 없애기

 일본은 치매는 '어리석고 아둔하다'라는 의미여서 '인지능력의 장애, 저하'라는 뜻을 담아 20년 전부터 '인지증'이라는 표현으로 바꾸었고, 오렌지플랜(인지증 대책 추진 5년 계획)을 마련하여 인지증 예방 및 지원체계를 정비해 가고 있다. 일본 산업계에서 주목하는 인지증 대책으로 '인지증 장벽 없애기(Barrier-free)' 대책이 있다. 이동, 소비, 금융, 업무, 공공시설 등 모든 생활 장소에서 인지증에 걸려도 익숙한 거주지에서 편하게 계속 살 수 있도록 장벽을 낮추는 대책이다. 국가 대책에 앞서 각 지자체는 지역 사업자와 제휴하여 인지증을 배려하는 마을 만들기 사업을 추진하고 있다.
 일본의 고령자가 많이 사는 주택가의 한 마트는 인지증 고객과의 공존법을 실천하고 있다. 마트는 자체 시장조사를 했다. 인지증 유병률로 계산해 보았을 때 하루 마트를 찾는 인지증 손님을 300여 명으로 상정하고, 매장에서 길을 잃지 않도록 하는 것과 계산을 원활히 하도록 돕는 것을 핵심으로 과제를 선정했다. 아래를 보고 걷는 인지증 환자들의 특징을 고려해 바닥에 안내판 스티커를 붙이고, 방향을 잃었을 경우 직원을 부를 수 있는 벨, 계산에 오래 걸리는 고령자나 장애인이 눈치 보지 않고 이용할 수 있는 '슬로우 계산대'를 설치했다. 뿐만 아니라 다른 매장 직원들을 대상으로 인지증 손님에 대한 대응법을 알리는 '인지증 서포터 교육'을 하거나, 인근 인지증 주민을 대상으로 '슬로우 쇼핑 데이'를 열었다.

인지증 환자들의 여행을 돕는 '해바라기 지원 스트립'을 운영하는 하네다 공항과 인지증 환자를 종업원으로 고용하여 주문이 틀려도 이해해 주는 '치바루 식당', 전체 직원 14명 중 10명이 인지증 환자인 '언제든 꿈을 목공소', 일하고 싶은 인지증 환자들에게 일자리를 제공하는 데이 서비스 등이 운영되고 있다.

인지증 고객을 위한 일본 기업들도 변화하고 있다. 일본 경제산업성은 인지증 환자들과 제품개발을 원하는 기업을 연결해 주고, 제품개발 과정 전반을 지원하는 '오렌지 혁신 프로젝트'를 진행하고 있다.

일하는 인지증 노인들

일본의 인지증 환자는 기억력 저하 등 경도인지장애까지 합하면 이미 1천만 명이 넘는다. 일본에서는 인지증이 있는 사람들이 지역 사회에서 계속 일을 하고 사회활동을 하는 것을 적극적으로 권장하고 있다. 점점 늘어나는 인지증 환자들을 돌봄 대상으로만 여기는 것은 사회적으로 큰 부담이 되기 때문이다. 또한 저출산·고령화로 인해 인구가 감소하고 돌봄 인력이 부족한 상황에서 인지증을 가진 사람들이 할 수 있는 역할을 하게 함으로써 사회적 공생을 이루고자 하는 사회적 배경이 깔려 있다.

2017년 일본 정부는 '개호보험 사업장에서 사회 참가의 일환으로 작업을 하는 경우와 노동 기본법이 정한 기준과 상관없이 사례금으로 대가를 지불하는 것'을 인정해 주는 법률을 개정하였다. 법률과 제도를 통해 인지증을 가진 사람들이 무조건 보호받기보다 각자의 역량에 따라 사회에서 활약할 수 있도록 환경을 조성하고 있다. 인지증 증상이 있는 사람이라도 일을 통해 "나는 많은 것을 할 수 있다."라는 자신감과 "나는 사회에 기여한다."는 자부심 등의 감정을 느낄 때 자존감이 회복된다. 이들이 잘할 수 있는 일과 역량을 정확히 파악하는 것이 중요하다.

일은 크게 두 가지로 나눌 수 있다. 첫째는 인지증을 앓는 당사자만이 할 수 있는 일이다. 인지증 경험을 일반 사람들에게 알리는 일, 인지증을 앓고 있는 사람들을 상담하는 일, 기업이 인지증 관련 상품을 기획하거나 상품평가를 할 때 실제 사용자로서 모니터링을 하는 일 등이 있다. 둘째는 인지증을 가진 사람들의 생의 경험과 특성을 고려한 일이다. 기술을 활용하는 일이나 단시간에 집중력을 발휘하는 단순한 일, 신체활동 등의 일이 있다. 일본 후생노동성에서 '고령자 보건건강증진사업'의 일환으로 발간된 〈일하는 인지증 사람들〉이라는 책자에서는 인지증을 가진 사람들이 자신의 경험과 지식을 살린 언어통역, 재활용품 수리, 음악 연주 봉사 등 다양한 역할을 수행하는 사례를 소개하고 있다. 인지증을 가진 사람들의 고용은 한계가 있지만 이들의 역할은 무한하다는 점을 강조한다.

고령자나 인지증 환자의 일에 대한 욕구는 일반 사람들과 같다. 서비스와 일을 연계한 프로그램을 운영하는 돌봄 센터가 많이 있다. 이것은 데이 서비스(주간보호센터)를 이용하는 인지증 환자가 한정된 복지 시설 공간에서 보내지 않고 사회로 나가 자신답게 살아가게 하는 선구적인 시도다.

아마토 운송은 지역의 데이 서비스 인지증 환자에게 우편배달 업무를 위탁하고 있다. 이들은 주민들에게 얼굴이 알려져 있기 때문에 설령 길을 잃더라도 도움을 받을 수 있다. 치바현의 간병업체인 '실버우드'도 간병시설에 과자가게를 냈다. 나라현의 데이 서비스센터 '오타가이상'은 현역 시절 장인이나 목수로 일한 인지증 환자가 지역 사회와 연계해서 가죽 공예품과 가구를 만드는 일을 하게 한다. 여성 인지증 환자들은 센터에서 요리 솜씨를 발휘하거나 상점에서 일한다.

교토부 우지시의 작은 그룹 홈인 '쿠리쿠마'에서는 인지증 고령자들이 일할 수 있는 공방을 만들어 운영하고 있다. 오무타시의 '선라이즈 데이 서비스'센터는 인지증 고령자들에게 지역의 자동차 대여 회사에서 세차 일을 하게 한다. 또한 도쿄 가나자와현 후지사와시에 위치한 고령자 시설인 '크로스 하트'에서도 '일자리 제공형 유료 고령자 홈'이라는 새로운 실험을 진행 중에 있다.

데이 서비스센터, 고령자 홈 또는 지역 사회에서 인지증을 가진 고령자가 할 수 있는 일이 다양하다. 인지증 당사자로서 할 수 있는 일은 강연, 연주, 인지증 대책 평가 등이 있다. 경험이나 경력을 살릴 수 있는 일은 정원사의 분재나 언어통역 등이 있으며, 육체노동으로는 세차, 고령자 주택의 전구 교체 등 다양한 일거리가 있다. 또한 보육원의 아이들과 함께 시간을 보내거나, 특정한 장소에 있어도 가치가 있는 유형의 일도 많다.

인지증 환자가 할 수 있는 다양한 일

구 분	일거리
인지증 당사자로서 할 수 있는 일	강연, 인지증 대책 평가
경험을 살릴 수 있는 일	정원사의 분재, 무역업 종사자의 언어통역
그룹으로 하면 잘되는 일, 육체노동	세차, 고령자 주택의 전구 교체
특정한 장소에 있는 것 자체가 가치 있는 일	보육원의 아이들과 시간 보내기
노동시장에서 할 수 있는 일	이전 업무의 지속, 각종 조립 업무

인지증 환자가 지역 사회에서 자신이 할 수 있는 일을 하면 약간의 소득도 생기고, 성취감도 느끼며, 보람을 느낀다. 지역 주민이나 다른 사람들과의 교류가 활발해지면서 표정도 밝아진다. 급여로 자녀와 외식도 즐긴다. 일을 통해서 사회와 접점을 유지할 때 더욱더 활기차게 생활할 수 있다는 것이다.

그러나 인지증 환자가 일을 할 수 있도록 환경을 조성하는 선구적인 사업을 시도함에 있어서 과제도 많다. 첫째, 인지증 환자의 일거리 지원에는 축적된 노하우가 필요하다. 둘째, 일거리 지원을 통해 삶의 보람을 줄 수 있어도 금전적으로 넉넉함을 제공하는 사업서비스 설계가 어렵다. 셋째, 인지증 환자에게 부정적인 편견과 오해를 가진 지역 주민이 많다. 실제로 사람들은 대부분 인지증 환자가 일할 수 있다는 것 자체를 의심한다. 넷째, 데이 서비스센터에서는 과제, 관리, 개발 등의 업무를 추가로 많이 부담해야 한다는 점이다.

한편, 일본 사회에서는 인지증 환자와 함께 일하는 사회, 살아가는 사회를 만들려고 사회적 공감대가 형성되고 있다. 사단법인 'DFJI(인지증 프렌들리 일본 이니셔티브)'는 일본 사회 전역에 인지증 환자가 일하는 선진적 사례를 소개하며 인지증에 걸리면 아무것도 모르고, 아무것도 할 수 없다는 사회적 편견을 깨는 활동을 하고 있다.

이런 상황이 한국에서 일어나면 어떤 반응이 나타날까? 한국에서도 일본처럼 요양 서비스를 제공하고 있는 기억학교, 재가노인복지센터, 주간보호센터나 요양원에서 경도인지장애 및 인지증 노인들에게 일을 시킨다면 보호자나 사람들은 어떻게 반응할까? 착취, 학대, 안전불감증 등과 같은 부정적 반응부터 먼저 보이지 않을까? 세계에서 가장 빠르게 고령화가 진행되는 한국 사회에서 인지증과 공존하는 사회를 만들어 가는 데는 사회적 인식변화가 우선이다.

04
일본의 다양한 데이 서비스센터

일이 활동의 핵심인
'DAYS BLG!'

  초고령사회에서는 인지증이 흔한 일이다. 누구나 인지증에 걸릴 수 있다. 도쿄 마치다시에 있는 민간 비영리단체인 'DAYS BLG!' 데이 서비스센터는 조기 발병 인지증 환자를 대상으로 일본의 첨단 주간 서비스를 제공한다. 이 단체의 서비스를 이용하는 사람은 대부분 인지증 초기 단계의 경도인지장애를 가진 고령자들이다.

  이곳은 일본에서 가장 혁신적인 데이 서비스센터로 알려져 있다. 'DAYS BLG!(이하 BLG!)'라는 명칭은 DAYS(모든 날), B(Barriers ; 장벽), L(Life ; 삶), G(Gathering ; 모임), !(감탄, 전달)의 약칭이다. 이 단체의 사업은 2012년 8월 1일부터 시작했다. 2020년 3월 기준으로 등록 회원은 50~90대인 20여 명이며, 대부분 인지증이 있는 고령자이다. BLG!는 지원을 받는 '이용자'와 지원하는 '직원'을 구분하지 않고 이용자와 직원을 모두 '멤버'라고 부른다. 돌보는 쪽과 받는 쪽이라는 관계성을 없애고 수평의 관계성을 가지기 위함이다. 서로가 지원을 주고받을 수 있는 대상이라는 말이다.

어떤 일을 할 것인가? 일하러 가기 전 회의

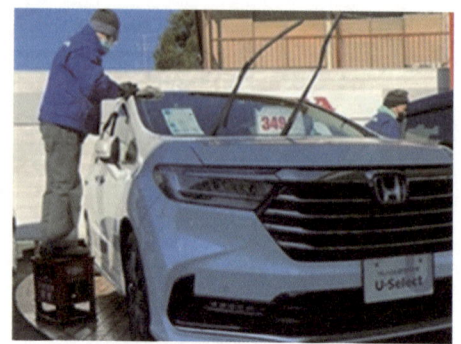

지역 자동차 판매 회사에서 세차를 하는 모습

출처 : BLG! 홈페이지(blg.life)

BLG!의 다양한 활동 중 주목해야 할 점은 기본 활동이 '일(Work)'이라는 점이다. 여러 종류의 일을 그날그날 선택할 수 있다. 예를 들어 자동차 세차, 테마파크 청소 관리, 전단지 붙이기 등의 일을 할 수 있다. 장소와 일의 종류는 모든 참가자(인지증 고령자)와 함께 회의해서 결정한다. 기업과 지역 사회의 연계를 통해 스스로 선택하고 의사 결정을 하는 방식으로 데이 서비스가 운영되고 있다.

인지증 고령자들이 일을 통해서 사회와 접점을 유지할 뿐 아니라 인지증 환자는 할 수 있는 일이 없을 거라는 편견도 씻어내고 있다. BLG!는 인지증을 가진 사람이 불편한 존재가 아니라 함께 살아갈 존재로 바라보는 것이 중요하다는 점을 일깨운다.

BLG!의 이사장 마에다 타카유키는 이렇게 말한다.

"우리의 활동은 2010년 시민 활동으로 시작됐습니다. 그 활동이란, 인지증 증세가 있어도 안심하고 살 수 있는 마치다시를 목표로 하기 위해, 당사자 · 가족 · 전문직 · 의사 · 약제사 · 행정 등이 한 시민으로서 이벤트를 개최해 왔습니다. BLG!는 당사자들의 일하고 싶다, 유익해지고 싶다, 사회와 연결하고 싶다 등의 생각들을 실행하기 위하여 지역 사회를 대상으로 인지증에 대한 올바른 이해를 촉진하고 있습니다. 그 결과, 좋은 반응이 나타났는데 마치다시가 좋은 전례라고 할 수 있습니다. 또한 정부가 추진하는 사회 참가 사례로서도 2018년의 후생 노동 백서에 거론됐습니다."

BLG! 데이 서비스는 인지증 환자를 바꾸는 것이 아니라 사회와 일반 사람들이 바뀌어야 한다고 한다. 모두가 살기 쉬운 사회로 '시프트 체인지(Shift Change ; 역할 전환)'해야 한다는 신념으로 운영되고 있다. BLG!의 활동이 계기가 되어 도쿄 마치다시는 인지증 친화 도시로 바뀌고 있다.

파친코 게임을 즐기는 데이 서비스
'라스베이거스'

일본에 파친코 카지노를 흉내 낸 데이 서비스센터가 등장했다. 이는 일본 도박업계가 고령층을 새로운 고객으로 유입함에 따른 현상이다. 파친코 산업이 이처럼 요양 시설에서 새로운 활로를 찾고 있는데, 파친코 스타일의 게임이 고령자들의 인지 기능 향상에 도움이 된다는 연구 결과가 나오면서 파친코를 모방한 요양 시설이 등장하게 됐다.

대표적으로 치바현 야치요시에 있는 '라스베이거스 야치오'이다. 일반적으로 데이 서비스센터에서는 종이접기, 색칠하기와 같은 활동으로 시간을 보낸다. 그러나 이 센터는 10년 전부터 파친코 기계를 도입하여 운영하고 있다. 실내에는 파친코 기계

뿐만 아니라 블랙잭, 마작, 포커를 즐길 수 있는 시설이 있다. 파친코 기계는 일반 카지노의 기계와 다르게 고령자 맞춤으로 특수 제작됐다.

파친코를 모방한 놀이를 즐기는 데이 서비스 라스베이거스 고령자

출처 : 라스베이거스 홈페이지(las-vegas.jp)

 센터 내 파친코는 '베이거스'라는 시설 내 게임 화폐가 사용된다. 베이거스 화폐는 매일 진행되는 기능 훈련(체조, 스트레칭 등)에 참여해야 받을 수 있다. 몸을 움직이고 싶어 하지 않는 고령자들도 게임을 하고 싶은 마음에 자발적으로 운동에 참여한다. 게임에 쓰는 화폐를 빌리려면 운동 등 각종 활동에 참여해야 하고, 매시간 휴식을 취해야 한다는 규칙이 있다.

 지루하다고 여겨지던 데이 서비스센터에 파친코 게임이 도입되면서 재미와 활력이 더해졌다. 그래서 '라스베이거스'는 카드 마작 등이 고령자의 흥미를 유발해서 적극적 참여를 유도하고 두뇌 활성화 효과가 뛰어나다고 소개하고 있다.

 이 센터에는 일반 데이 서비스센터와 차별되는 점이 또 하나 있다. 보통 데이 서비스 셔틀 차량은 하얀색 미니버스에 상호가 표시되어 있는데, 이곳은 해외여행 기분을 낼 수 있는 고급 차량으로 운영하고 있다. 검정색 벤을 타고 파친코를 하러 여행길에 나선다고 느끼게 만든다.

이런 운영 방식이 고령자들의 뇌 기능 향상에 도움이 된다는 긍정론 덕분에 일본에서는 '시니어 라이프'가 운영하는 파친코 데이 서비스 매장이 전국에 25개로 늘어났다. 특히 야치요점은 2023년 일본 최대의 파친코 회사인 마루한과 라이선스 계약을 맺고 개업했다.

도박이 고령자의 인지증 예방에 긍정적인 영향을 준다는 전문가 의견도 있다. 일본 스와도쿄 과학대의 시노하라 키쿠노리 교수에 따르면, 파친코를 즐기는 70대 고령자는 그렇지 않은 고령자보다 인지능력이 높은 것으로 나타났다. 지루하게 치료를 받는 것보다 즐길 수 있는 활동을 하는 것이 낫다는 말이다. 파친코가 인지증 예방에 도움이 될 수 있으며 더 중요한 것은 파친코가 고령자에게 기쁨을 준다는 점이다.

학교식 개호 돌봄을 제공하는 데이 서비스 '어른의 학교'

구마모토시 니시구의 한 지역 밀착형 데이 서비스센터의 공식 명칭은 '어른의 학교(おとなの学校)'이다. '어른의 학교'는 고령자의 생활 의욕이나 자립 의식을 높이는 것을 제1의 목적으로 하고 '학교식 돌봄'을 차별성으로 내세운 데이 서비스이다.

'어른의 학교'의 하루 일정은 초등학교처럼 진행된다. 아침 8시 반 통학버스로 시작된다. 교복을 입은 고령자 학생들이 버스를 타고 삼삼오오 교실로 들어와 책상에 앉는다. 교실 정면에는 칠판이 있고, 알록달록한 수업 시간표도 붙어 있다. 그야말로 학교 교실이다.

어른의 학교 수업하는 모습과 교과서

출처 : 어른의 학교 홈페이지(otona-gakkou.com)

　매일 오전 10시 반 "안녕하세요."라는 구령으로 조례가 시작된다. 학생 전원 교가를 부른다. 시작 벨이 울리면 수업이 시작된다. 첫 수업은 국어 시간이다. 속담이나 조금 어려운 한자 퀴즈에 도전한다. 수업은 고령자들의 신체적 특성을 고려하여 30분 단위로 진행된다. 2교시는 가장 인기 있는 음악 시간이다. 흘러간 '그 시절 그 스타'의 명곡을 떠올리며 노래를 한다. 12시부터 점심시간. 여러 사람이 함께 식사를 하기 때문에 즐겁다. 3교시는 체육 시간이다. 기능 훈련을 겸한 즐거운 운동으로 신체를 단련한다. 오후 3시가 되면 하루의 수업을 마친 후 종례를 기다린다. 간식도 주어진다. 오후 3시 15분에 종례가 진행되고, 하루를 돌아보며 즐거웠던 일을 교류한다. 오후 3시 반에 하교를 한다. 학생들끼리 서로 인사를 나눈 뒤 통학버스를 타고 집으로 간다.

　'어른의 학교'는 하루를 여는 교가 부르기, 교복을 입었을 때의 긴장감과 배우는 기쁨, 동료가 있는 안심감 등이 고령자의 자립 의식을 높여, 생활 의욕의 향상에도 도움을 준다는 것이 화제가 되어 여러 언론에 알려졌다. 후생노동성, 경제산업성으로부터도 선진적인 사례로 소개됐다.

　'어른의 학교'는 2024년 11월 기준, 전국 615개 시설에서 도입하여 실시하고 있는 것으로 나타났다. '어른의 학교' 프랜차이즈 그룹으로 운영하거나, 데이 서비스·소규모 다기능형 시설·고령자 시설 등에서 어른의 학교 프로그램이나 교수법을 활용하고 있다. 이용자의 월 부담은 1,650엔 정도이다. 어른의 학교 방식을 도입하고 있는 약 90%의 시설들이 유사한 방법으로 운영하는 것으로 나타났다.

'어른의 학교' 특징은 세 가지다. 첫째, 학교를 재현한 공간에서 감사와 축하가 넘치고, 동료와 함께 배우고 생활함으로써 고령자의 의욕을 북돋운다. 둘째, 교과서와 회상법이라는 수업의 비결이다. '회상법'이란 옛날의 그리운 사진이나 음악, 사용하던 친숙한 가정용품 등을 보고 만지면서 추억을 토론하는 일종의 심리요법이다. 인지증 증세를 보이는 고령자도 수업에 참여할 수 있다. 셋째, 계절 행사 외에 통지표, 성과발표회, 운동회, 문화제 등 학교 특유의 행사를 개최한다.

'어른의 학교'는 운영하는 측에도 강점이 있다. '학교식 돌봄'을 통해 질적 투자를 경감하는 경영개선이 이루어진다. 프로그램을 진행하기 위해서는 여러 직원이 돌봄 활동을 함께해야 하고, 새로운 프로그램 도입하려면 비용과 인원이 필요하다. 그러나 학교식 돌봄은 1대 다수의 학교 수업방식이기 때문에 다른 직원들은 업무를 볼 수 있는 여유가 생긴다. 특히 '어른의 학교'는 학교인 만큼 학생이 할 수 있는 것은 스스로 한다. 차를 마시는 등 간단한 일은 학생들이 서로 돕기 때문에 직원들의 부담이 줄어든다.

인지증에 대한 사회적 편견을 깨는 'DFJI'

 일본 사회에서는 인지증을 가진 사람들과 함께 일하는 사회를 만들려는 시도가 이어지고 있다. 대표적으로 'DFJI(Dementia Friendly Japan Initiative ; 인지증 친화 일본 계획)'라는 단체가 있다. DFJI는 민간기업·지방정부·학계·NPO·인지증 환자와 그 가족으로 구성되어 있다. 이 단체는 자발적 프로젝트를 통해서 인지증 친화적 커뮤니티를 만들고 홍보하고 인지증에 관심이 많은 회사, 그룹이나 사람들을 위한 플랫폼 역할을 하고 있다. 또한 인지증 환자가 노동 활동에 참여하는 선진사례를 소개하며 인지증에 대한 사회적 편견을 깨고자 노력한다.

 DFJI의 '자발적 프로젝트' 중 '내일을 달리자(Run Tomorrow)'는 2011년에 시작된 사회 운동으로 인지증 친화적 사회 실현을 목표로 한다. 인지증 환자·가족·친구·청소년·고령자가 함께 짧은 거리를 달리고, 다음 사람에게 띠를 넘겨주면서 일본 열도를 횡단하는 것이다. 처음에는 홋카이도의 하코다테에서 삿포로까지 300km를 171명 달리는 운동으로 시작됐다. 4년 뒤 2015년에는 홋카이도에서 규슈까지 총 3,000km를 8,000명이 달리는 거대한 프로젝트로 확대됐다.

05
후쿠오카 인지증 프렌들리 센터

 저자는 인지증 친화 도시를 만들어가는 후카오카시의 정책을 이해하고자 사회복지법인 함께하는마음재단 연수단으로 지난 2024년 11월에 '후쿠오카 인지증 프렌들리 센터'에 다녀왔다.

'후쿠오카 인지증 프렌들리 센터'는 의료 및 복지컨설팅 분야에서 활동하는 ㈜메디바가 후쿠오카시에 위탁받아 운영하는 곳이다. 이 센터는 2023년 9월에 개관했으며 후쿠오카시의 인지증 정책을 실행하는 거점 역할을 하고 있다. 인지증 친화 디자인, 인지증 친화 돌봄을 위한 직원 연수, 인지증 친화 디자인과 돌봄의 정착을 위한 과학적 근거 마련 사업 등을 추진하고 있다. 센터를 포함해 고령자 시설이나 공중화장실, 구청 등 50곳 이상에서 인지증을 가진 사람들이 쉽게 알아볼 수 있는 새로운 디자인이 도입됐다.

또한 인지증을 사회에 알리는 캠페인을 넘어, 사회 전체가 인지증을 이해하고, 인지증을 가진 사람도 소중한 사회 구성원이자 경험 전문가로 활약할 기회를 제공하여 모두가 안심하고 살 수 있는 사회를 만들어 가는 것에 초점을 두고 있다.

다음은 이곳의 센터장인 가즈히로 토(党一浩)의 강의와 인터뷰를 정리한 내용이다.

Q. 일본은 일찍이 고령화를 경험하고 있는 나라입니다. 인지증을 바라보는 그동안의 시각 변화 과정이 궁금합니다.

A. 1970년대 일본의 인지증 대처는 수용, 격리 등의 단순한 방법이었습니다. 돌봄에 대한 개념을 가지고 있지 않은 시대였다고 할 수 있습니다. 시설에 입소하는 고령자에 대한 존엄이나 인권과 관련된 개념은 없었다고 봅니다. 1980년대 잔존능력, 요법적 집단 접근, 환경적 접근 등의 개념이 생겼으며 1990년대에 이르러 인권 보호를 우선 관계로 설정하는 정상화(Normalization) 개념 시대로 변화됐습니다. 2000년대는 개호보험제도가 생겨났고 비로소 인지증 기본법이 제정되었습니다. 지금의 캐치프레이즈는 '인지증 프렌들리'입니다.

현재 일본은 총인구는 감소 추세에 있는 데 반해 인지증 및 경도인지장애(MCI) 등의 환자 수는 급증하고 있습니다. 65세 이상 고령자 인구 비율이 29.1%로 세계 최고 수준입니다. 그중 인지증 고령자는 2022년에 443만 명이었으며, 2030년에는 523만 명으로 8년 만에 80만 명이 늘어날 전망입니다.

기억력 저하 등 인지증 전 단계인 '경도인지장애'까지 합하면 약 1천 400여 만 명이 넘는 고령자들이 인지증 또는 경도인지장애를 가지게 됩니다. 현재 일본의 고령자 인구 통계로는 일본이 세계 선두 주자라고 할 수 있습니다. 그렇기 때문에 일본은 인지증 사회와 더불어 살아갈 방법 모색이 시급합니다. 2040~2050년이 되면 한국의 고령자 인구 비율이 일본을 추월하게 된다는 사실에 주목해야 합니다.

Q. 이 센터가 만들어진 배경이 무엇인지 궁금합니다.

A. 인지증은 뇌의 질환이나 다양한 원인으로 인해 뇌 기능이 저하되어 일상생활과 사회생활에 어려움을 겪는 상태를 말합니다. 누구에게나 일어날 수 있는 노화 현상 중 하나입니다. 인지증 환자는 환경에 크게 영향을 받기 때문에 환경을 어떻게 조성하느냐가 매우 중요합니다. 곰곰이 생각해 보면 인지증 환자가 길을 잃거나 실수를 하는 이유는 낯선 환경 때문인 경우가 많습니다. 만약 인지증 환자가 익숙한 공간에서 생활하고 주변에 인지증에 대한 이해도가 높은 사람들이 많이 있다면 증상이 조금이라도 완화될 수 있으리라 생각합니다.

인지증이 있어도 생각보다 할 수 있는 일이 많습니다. 기억의 일부는 사라질 수 있지만 감정은 남아 있습니다. 그렇기 때문에 저를 비롯한 인지증 관련 전문가의 노하우를 일반 시민들과 사회에 나누어야 한다고 생각합니다.

"더불어 살아가는 사회를 만들자."라는 목표 아래 2018년 '프렌들리 시티 프로젝트'를 시작하였습니다. 현재 일본 전역에 100여 개의 조직이 설립되었습니다. 후쿠오카 인지증 프렌들리 센터도 그중 하나입니다. 우리는 그중에서 가장 앞서가는 센터라고 자부합니다.

Q. 센터에서는 다양한 사업을 하고 있습니다. 진행 중인 돌봄 교육 사업이 있는가요?

A. 어린아이부터 어른까지 모든 사람이 누구나 알기 쉽게 케어할 수 있는 인지증 케어 방식이 필요합니다.

그중 하나는 '휴머니튜트[Human(인간)+Attitude(태도)]'입니다. 이는 인지증 환자를 관리가 아닌 존중의 대상으로 생각하는 돌봄 기법입니다. 지금까지 후쿠오카시에 있는 학교, 고령자 관련 시설 등에서 약 2만 명이 이 교육을 받았습니다. 인지증 환자와 눈을 바라보며 말하기 등 다양한 케어 방법을 2~3시간에 익힐 수 있습니다. 인지증 환자를 내려다보며 대화하는 방식은 좋지 않습니다. 친근함의 표시로 어깨를 짚거나, 손을 누르는 행위는 결코 좋은 감정을 줄 수 없습니다. 인지증 환자와 눈높이를 맞추고 친근함이 들도록 케어하는 것이 좋습니다.

우리는 '후쿠오카시의 160만 시민 모두가 돌봄 가능한 도시로 만들자'라는 목표로 센터를 운영하고 있습니다. 그러기 위해 생각의 전환이 필요하고, 인지증 환자와 함께 살기 위한 공간 디자인이 요구됩니다.

Q. 인지증이 있어도 안심할 수 있는 사회를 만들려면 사회나 기업 차원의 지원이 필요합니다. 이와 관련하여 어떻게 운영 중이신가요?

A. 사회나 기업 차원의 지원을 위해 '오렌지 파트너스'사업을 진행하고 있습니다. '오렌지색'은 인지증을 표시하는 대표 색상으로 사용하고 있습니다. 오렌지 파트너스는 인지증 관련 산업 기업으로 현재 110여 개의 회사 및 단체가 참가하는 기업 컨소시움으로 운영되고 있습니다. 기업과 인지증 환자와의 만남을 알선하고 인지증 관련 비즈니스를 진행할 수 있도록 연결하고 있습니다. 기업은 비즈니스를 목적으로 운영하기 때문에 고령자나 인지증을 가진 사람들도 아주 소중한 고객입니다. 기업은 인지증 증세를 보이기 시작한 사람도 계속해서 고객으로 남아 있기를 원합니다. 그래서 인지증 환자들도 시장의 중요한 고객층으로 인식되기 시작하였고 인지증 고객을 위한 상품도 개발되고 있습니다.

Q. 인지증이 있어도 일을 할 수 있다고 들었습니다. 인지증 환자를 지원하는 시스템에는 어떤 것이 있나요?

A. 인지증 환자가 사회에서 활동할 수 있도록 돕는 '오렌지 인재 뱅크'사업이 있습니다. 현재 17개의 오렌지 파트너스 기업이 있으며, 참여하고 있는 인력은 2024년 1월 기준 총 501여 명에 달합니다. 오렌지 파트너스와 오렌지 인재 뱅크는 유기적으로 연결되어 지속적으로 활동하고 있습니다. 기업은 이 시스템을 통해서 인지증에 대한 이해도를 높이고, 제품과 서비스를 개발할 때 인지증 당사자로부터 받은 피드백을 바탕으로 더욱 적합한 상품을 제작할 수 있습니다. 이 사업은 인지증 환자들에게 더 나은 서비스와 제품을 제공하고, 그들의 일상생활을 개선하는 데 중요한 역할을 하고 있습니다.

인지증 환자는 밖에 나가면 위험하고 주변에 피해를 줄 수 있다는 부정적인 생각 때문에 집 밖으로 못 나가게 하는 경우가 많습니다. 그래서 그분들이 '인지증은 있지만 남을 위해 할 수 있는 일이 없을까?' 하는 기대를 가지고 도전 의식을 불어넣거나 일감을 지원합니다. 인지증을 가지신 분들이 포기하지 않고 자신감을 가지고 긍정적인 생각을 할 수 있도록 도와드리고 있습니다.

Q. 인지증 환자에게 적합한 환경을 마련해 주는 것이 대단히 중요하다고 생각합니다. 센터에서 추진하고 있는 '인지증 친화 디자인'에 대해 설명 부탁드립니다.

A. '인지증 친화 디자인'은 장소를 보다 쉽게 이해하고 활용할 수 있도록 구성하는 개념입니다. 환경을 조정해 원활한 소통을 돕고 개인의 존엄과 개성을 존중하는 기회를 제공합니다. 현재 후쿠오카시에서 진행 중인 중요한 사업 중 하나입니다. 이는 인지증 환자뿐만 아니라 가족과 지역 사회 구성원 모두가 편안함을 느끼는 것을 목표로 합니다.

또한 인지증 환자의 일상을 더욱 편리하고 안전하게 만들기 위해 기업과 협력하여 다양한 제품(특수 앞치마, 전용 가스레인지, 스마트워치 등)을 개발하고 있습니다. 문자의 색상을 선명하게 조정해 가독성을 높이는 작업도 함께 진행 중에 있습니다.

후쿠오카시는 인지증 환자가 생활하기 좋은 환경을 제공하기 위해 '인지증 친화적 디자인'을 전면 도입했습니다. 세계 최초로 영국 스탈링대학 DSDC (Dementia Services Development Center)의 '인지증 디자인(EADDA)'을 도입하여 활용하고 있습니다.

EADDA는 다양한 효과가 있습니다. 장애 보완, 자립성 증진, 공간인식 도움,

자신감 향상, 불안 요소 감소, 개인성 고려, 대화 촉진, 외적 자극 통제, 가족과 지역 사회를 위한 편안한 환경 제공 등입니다.

Q. 후쿠오카 인지증 프렌들리 센터가 추진하는 '인지증 친화적인 도시'의 필요성에 대해 말씀 부탁드립니다.

A. 누구나 인지증을 가질 수 있습니다. 미래의 인지증 환자에게 있어 현재 인지증을 앓고 계시는 분은 가야 하는 길을 먼저 가고 있는 선배입니다. 그런 점에서 선배들에게 가르침을 받을 수 있다고 생각합니다. 인지증을 어떻게 하면 잘 넘길 수 있으며 무엇을 어떻게 했을 때 편안할 수 있는지 지금의 인지증 환자를 통해 배울 수 있습니다.

인지증 환자에게 생기는 중핵(中核) 증상은 의학으로 고칠 수 없습니다. 중핵 증상에는 기억력 저하, 실행 능력 및 판단력 감소, 우울함, 선망, 폭력, 환각, 여러 가지 거부 반응 등이 포함됩니다.

▎인지증의 여러 증상

종 류	증 상
주변 증상	돌봄 거부, 히키코모리, 환각, 실금, 폭력, 선망, 밤낮 반전, 배회, 초조, 우울, 망상
중핵 증상	기억장애, 지남력장애, 이해·판단력장애, 실행기능장애, 실어·실인

중핵 증상은 2차 증상(행동·심리 증상)의 발생 가능성을 높일 수 있습니다. 사회적으로 인지증 환자가 극복해야 하는 부분이 이 2차 증상입니다. 2차 증상은 복잡한 환경과 편견, 인간관계에서 기인하기에 주변 증상이라고도 합니다. 따

라서 2차 증상이 발생하는 원인을 줄이면 인지증 증상이 완화될 가능성이 있습니다. 불편한 것을 편리하게 만들고, 이해하기 어려운 것을 쉽게 풀어내는 것입니다. 인지증에 적합한 돌봄 방식으로 증상을 개선할 수 있습니다.

저희는 인지증의 원인을 하나씩 제거하면 2차 증상이 완화되고 상태가 조금씩 나아질 것이라 생각합니다. 사회 전체적으로 인지증에 대한 인식을 개선하면 인지증이 어렵고 까다롭다는 편견도 바뀔 것입니다. 중요한 것은 인지증 증상이 당사자의 희망과 연관되어 있다는 것입니다. 그렇기에 사회적 인식 변화가 인지증 증상을 완화하는 열쇠가 될 수 있다고 생각합니다.

Q. 끝으로 인지증 환자가 빛이 나는 사회를 만들기 위해 어떤 노력이 필요하다고 생각하시나요? 그리고 복지 현장에서는 어떤 태도와 자세가 필요할지 당부의 말씀 부탁드립니다.

A. 일본 사회에는 인지증 환자에 대한 세 가지 부정적인 측면이 있습니다. 첫째는 타인에게 불편을 주기 싫어하는 점이며, 둘째는 무시당하고 싶지 않은 것이며, 셋째는 좋지 않은 환경에 가는 것을 꺼리는 것입니다. 이 부정적인 인식은 오히려 그동안 전문가들이 만든 상황일 수도 있습니다. 결론적으로 의료와 돌봄 전문가뿐만 아니라 사회 모든 구성원이 긍정적인 인식을 가진다면 보다 인지증 개선에 더 빠른 진전이 있으리라 생각합니다.

후쿠오카시도 소프트웨어와 하드웨어 양면을 이용한다면 인지증에 보다 친절하고, 편한 도시가 되리라 생각합니다. 하드웨어는 인지증 환자에게 적합한 디자인을 구성하는 것과 인지증 친화 제품을 생산하는 것입니다. 소프트웨어는 인지증에 대한 새로운 의식, 가능성 인정, 인지증 당사자의 활약과 인지증 친화적인 서비스 제공에 주력하는 것입니다.

인지증 환자의 역할과 기회를 빼앗지 않는 환경 개선, 일상생활에서 자신의 선택을 중시하고, 인지증에 걸려도 정든 지역에서 계속 살 수 있는 사회를 만들도록 사회 구성원 모두가 함께 문제해결을 위해 노력해야 한다고 생각합니다.

선도적인 일에는 힘이 많이 들 것입니다. 그렇다고 안 되는 이유만 생각하면 아무것도 할 수 없습니다. 끊임없이 고민하면서 발전하기를 바라고 있습니다.

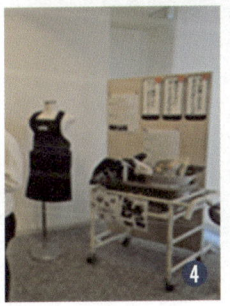

❶ 후쿠오카 프렌들리 센터에서 강연을 듣고 있는 연수단
❷ 후쿠오카 프렌들리 센터장 가즈히로토 소장과 저자
❸ '휴머니튜트' 시범
❹ 유니버설 디자인 상품
❺ '인지증 친화 디자인' 화장실 사례

◆ 시니어 라이프

'건강 장수 가이드라인' 12가지 수칙

일본에는 '건강 장수 가이드라인' 12가지 수칙이 있다. 이 가이드라인은 '도쿄건강 장수연구소'에서 제시한 것으로 영양, 운동, 만성질환, 노년 의학 등의 분야 59명의 전문가가 참여해 약 1년의 연구 결과이다. 이들은 300여 편의 장수 의학 논문, 노년 사회학 연구, 조기 사망 자료 등을 분석하여 건강한 장수를 위한 수칙을 정리하였다. 이 수칙은 99세까지 활력 넘치는 삶을 위한 종합 처방전이자, 초고령사회를 대비한 건강 지침서라 할 수 있다.

1. 식생활

다양하게 먹어 체중 감소와 영양부족을 막자. 하루 10가지 이상의 식품을 섭취하는 게 좋지만 적어도 7가지는 섭취하자. 권장하는 10가지는 달걀, 녹황색 채소, 과일, 우유 및 유제품, 육류, 해초류, 감자 혹은 고구마, 유지방, 콩, 해산물이다.

2. 구강 건강

구강을 잘 관리하여 턱 힘을 유지하자. 씹는 힘은 고령기에 적절한 영양을 보충하는 데 중요한 요소이다. 영양부족을 막기 위해서는 잘 씹지 못하는 상태를 방치해서는 안 된다. 정기적으로 검진을 받고 관리해야 한다.

3. 체력 · 신체활동

근력과 보행력으로 생활 체력을 유지하자. 근력은 나이가 듦에 따라 줄어들기 마련이다. 중요한 것은 저하속도를 늦추는 것이다. 그러기 위해서는 몸을 지탱하는 하반신 근육을 강화하는 것이 포인트다.

4. 사회 참여

외출 · 교류 · 활동으로 사람과 사회에서 소통하자. 누군가와 대화를 나누는 것에는 뇌의 활성화, 스트레스 해소 등의 장점이 있다. 사람과 교제하는 장소에 가는 것으로 삶이 풍부해지고 보람도 느낄 수 있다.

5. 마음(심리)

목표로 하자. 웰빙! 100세의 어르신에게 배우자. 마음의 건강은 마음 상태뿐만 아니라 신체 노화와도 관련이 있다. 장수하는 분들은 삶에서 행복을 느끼고 있는 경우가 많다. 신체 건강도 중요한 만큼 마음의 건강도 중요하다.

6. 사고 예방

가정 내 사고를 막자. 문턱이나 식탁 등에 발이 걸려 넘어져 사고로 이어지는 경우가 있다. 고령일수록 하반신 근력이 줄어 넘어지기 쉽다. 사고가 일어나면 외출하거나 걷는 것도 힘들어져 건강에 적신호가 올 수 있다.

7. 건강식품과 보조제

올바른 이용 기준을 알자. 건강식품을 섭취하여 활력이 생기고 생활습관이 개선되는 것을 기대할 수 있다. 그렇다고 하여 건강식품에만 의지하면 문제가 있을 수 있다. 먼저는 식사로 영양분을 섭취하고 부족한 부분을 파악하여 건강식품으로 채우도록 하자.

8. 지역력

생활반경을 넓히자. 지역력으로 모두 건강해지자. 지역력으로 타인과 교제를 할 수 있다. 각지의 축제나 이벤트에 참여하여 다른 사람과 만나 삶에 활력을 얻을 수 있다.

9. 노 쇠

'영양·체력·사회 참여' 세 가지 방법으로 노쇠를 막자. 노쇠는 몸을 움직이지 않아 근력과 체력이 부족해지거나 식사에서 영양을 제대로 섭취하지 못하여 질병에 걸리거나 하는 원인이 있다. 잘 섭취하고 몸을 움직여 노쇠해지는 것을 막자.

10. 인지증

잘 먹고, 잘 걷고, 잘 대화해서 인지증을 막자. 식사로 영양을 섭취하고 자신의 다리로 걸어 누군가와 대화하는 것 등 일상생활을 통해 인지증을 막을 수 있다.

11. 생활습관

고령기의 지병을 적절히 관리할 수 있는 지식을 가지자. 생활습관에서 올 수 있는 병은 식사, 운동, 흡연, 음주 등 매일의 생활과 관련되어 있다. 혈압이 높은 분이 염분을 계속 섭취하는 것은 위험할 수 있다. 상태를 정확히 파악하여 좋은 것과 그렇지 않은 것을 의식하는 생활을 해 보자.

12. 간호 · 종말기

잘 준비하여 마지막까지 나답게 살아보자. 마지막까지 스스로의 의지와 힘으로 생활하는 것은 간단하지 않다. 앞의 11개의 수칙을 잘 지키는 것이 중요하다. 돌봄의 대상이 되는 큰 이유 중 하나가 인지증이다. 몸을 잘 관리하여 마지막까지 나답게 살아보자.

이상의 12개 수칙은 건강 증진과 함께 활발한 사회 참여와 활동을 강조하고 있다. 초고령사회에서는 고령자들이 집이나 병원에서 누워 지내는 것을 막는 게 가장 중요하다. 또한 혼자 열심히 운동하고 건강을 유지하는 것보다 사람들과 만나서 함께 밥 먹고 얘기하고 남을 돕는 것이 더욱 상승효과가 있다고 하였다.

참고 : 東京都健康長寿医療センター研究所, 健康長寿新ガイドライン―健康長寿のための12か条

3

초고령사회를 새로 쓰는 이들

01
길 위의 쉼표가 된
정류장과 이발소 이야기

버스가 오지 않는 가짜 버스정류장

　일본에 버스가 오지 않는 가짜 버스정류장이 생겨 화제다. 이 정류장에는 입간판과 벤치까지 있지만, 운행하는 버스가 없다.

　미에현 메이와 마을에는 2024년 만우절에 가짜 버스정류장이 세워졌다. 이 마을 인구는 약 2만 명이다. 그중 65세 이상 인구 비율이 30%로 인지증 고령자들이 많은 마을이다. 인지증 고령자들이 자택에 머물다가 갑자기 집에 돌아가야 한다며 가까운 버스정류장에서 아무 버스나 탑승해 실종되는 일이 잦았다.

　가짜 버스정류장은 이 마을에서 고령자 간병 사업을 하고 있던 한 소장이 거리로 나온 인지증 고령자들이 배회하다가 버스정류장을 찾는 사례에서 착안해 만들었다고 한다. 가짜 버스정류장은 인지증 고령자를 유도한다. 정류장을 지나가던 주민이 가족이나 경찰에 알려 무사히 집에 돌아갈 수 있도록 도와준다. 지역 내 버스 사업자가 제공해 준 정류장 안내판에는 버스 도착 시간 대신 '낮 12시 점심, 오후 3시 간식'의 문구가 적혀 있다.

인지증 프렌들리 마을로 유명한 아이치현 도요하시 마을의 NPO 법인이 운영하는 인지증 카페(アンキカフェ ; 안키 카페) 옆에 가짜 버스정류장이 있다. 이곳은 도요하시 철도회사가 이전에 사용하던 진짜 버스정류장 표지판을 후원 받아 설치한 가짜 버스정류장이다.

인지증 환자에게 흔히 볼 수 있는 증상 중 하나가 목적 없는 배회 행동이다. 인지증 고령자는 보통 가족을 만나러 집에 가고 싶다거나 오랜 습관으로 출근해야 한다는 생각으로 요양원이나 집에서 나와 배회하다가 길을 잃거나 행방불명되는 사례가 많다. 이때 이들이 주로 찾아가는 곳이 버스정류장이다. 인지증 환자는 버스정류장 표지판이 있는 곳에서 기다리면 버스를 타고 집, 고향, 회사로 갈 수 있다고 생각한다.

인지증 고령자는 본능적으로 정류장을 찾고 의자에 앉은 순간 집으로 갈 수 있다는 마음에 안심하게 된다. 가짜 버스정류장의 가장 큰 역할은 어딘가를 찾아가야 한다는 인지증을 가진 사람들의 급박한 마음을 차분하게 달래준다는 것에 있다.

심신이 불편한 사람들을 위한 '행복이발소'

아키타현 아키타시에는 몸이 불편한 사람들의 이발과 미용을 전문으로 하는 '행복이발소'가 있다. 2015년에 개업한 이곳은 무라타 카오루라는 여성이 운영하고 있다. 행복이발소라는 이름은 이발·미용을 통해서 작은 행복을 이웃들에게 전해주고자 하는 마음으로 정했다고 한다.

무라타는 치위생사 시절 우연히 보았던 어느 요양 시설의 이용실 광경을 잊지 못하여 '복지이용사'의 뜻을 품었다고 한다.

"치위생사는 입안을 깨끗이 하고, 이용사는 머리를 깨끗이 할 수 있으니, 만약 내가 이용사의 자격을 취득한다면 장차 '가족 개호'가 필요할 때에 혼자서 다 해결할 수 있겠다고 생각했다."

그래서 1996년에 이용 면허를 취득하고, 치위생사 경험을 토대로 병원의 복지이용사로서 장기간 종사했다. 그러던 중 인지증이 있던 아버지가 이발소에 가는 것을 큰 즐거움으로 여긴다는 사실을 알았다. 인지증 고령자가 혼자서 갈 수 있다는 건 다행이지만, 일반 이발소에서는 손이 많이 가는 고객을 어려워할 것이다. 그래서 무라타는 "심신이 불편한 분들도 걱정할 필요 없는 이용소를 만들고 싶다."는 결심에 행복이발소를 열고, 2015년부터 현재까지 운영하고 있다. 이발소는 예약제로 운영되며, 이발 좌석은 1개이다. 요금은 3000엔, 면도 2,000엔, 샴푸 1,000엔이다.

무라타가 행복이발소를 운영하면서 느낀 소감이다.

"이발하는 과정을 통해 사람들의 표정이 조금씩 바뀌는 것을 볼 수 있었습니다. 오시는 고령 고객들이 몸이 부자유스러운 만큼 자주 이용하긴 어렵지만, 무척 즐거운 마음으로 내방한다는 느낌을 받았으며, 머리가 정돈되면 표정이 점차 밝은 미소로 변해가는 모습을 보았습니다."

직업관에 대해서도 "심신이 불편한 사람의 '존엄'을 이발을 통해서 지켜주는 사람으로 남고 싶다."고 하였다.

찾아가는 미용 서비스

최근 일본은 미용실을 오지 못하는 고령자를 대상으로 하는 '찾아가는 미용 서비스'가 이뤄지고 있다. 미용실은 관련 법에 의해 매장 이외의 장소에서 서비스를 제공하는 것이 금지되어 있다. 그러나 몸이 불편한 고령자는 미용실에 갈 수 없는 경우가 많아 예외로 방문 서비스를 인정해 주고 있다.

지금까지는 요양 시설에 자원봉사로 이·미용이 이루어지는 경우가 많았다. 하지만 2018년 이후 고령 인구가 증가하면서 찾아가는 서비스를 허가한 것이다. 요양 간호를 위한 방문 이·미용 서비스는 보건소에 신고만 하면 개업할 수 있다. 이러한 업체 중 하나로 10분에 1,000엔으로 전국에 가맹점을 둔 'QB 하우스'가 있다.

02
인지증과 함께하는 사회

인지증 카페 'D-카페'

　도쿄 메구로구에 인지증 카페인 'D(Dementia)-카페'가 있어 찾아갔다. 코부시엔 고령자 케어 시설의 휴게 공간에 마련된 이 카페에는 20여 명 정도의 인지증 고령자들이 테이블마다 삼삼오오 모여서 이야기를 나누고 있었다.

　카페 입구에는 D-카페를 운영하고 있는 NPO 법인 'D-카페 네트워크' 다케우치 히로미치 대표가 인지증 고령자와 가족들을 맞이하고 있었다. 1인 300엔을 내면 커피와 다과를 즐기는 것은 물론, D-카페에 방문한 사람들이나 자원봉사자들과 환담을 나누거나 다양한 프로그램에 참여할 수 있다. D-카페를 이용하는 참여 고령자들은 익숙하게 테이블을 오가며 자신의 일상을 주고받으며 사회적 관계를 맺고 있었다.

메구로구 D-카페 모습

D-카페 네트워크 다케우치 대표와 환담

다케우치 히로미치 대표에게 D-카페를 시작하게 된 경위를 묻자, 이렇게 말했다.

"집에서 20년 정도 어머니 간병을 했습니다. 7년 정도는 알츠하이머병을 앓으셔서 인지증 간병에 대해 몸으로 느끼게 되었고, 간병 정보를 공유해야겠다는 생각을 하게 되었습니다. 그래서 먼저 집에서 인지증 카페를 열었습니다."

그 후 시간이 흐르면서 자연스럽게 뜻을 같이하는 주변 사람들과 비영리법인 'D-카페 네트워크'를 만들게 됐다고 했다. 현재 메구로구에서 운영하고 있는 D-카페 수는 13개이며, 이용 회원은 약 3,500명(등록 기준)이다. 그는 인지증 카페의 원조임을 자랑스럽게 여겼다.

다케우치 히로미치 대표는 D-카페의 장점에 대해 이렇게 이야기하였다.

"대화할 수 있는 공간, 사람, 다과가 있습니다. D-카페는 약간의 강제성을 띠는 데이 서비스 이용과는 달리 인지증 고령자와 가족들도 함께 즐겁게 어울리는 장소입니다. D-카페의 'D'는 '인지증(Dementia), 다양성(Diversity), 친밀감(Dear)'이라는 의미를 담고 있어 인지증 환자나 가족, 지역 주민이 교류하는 장소입니다."

일본 스타벅스는 일찌감치 인지증 카페를 운영하며 인지증 환자와 가족, 봉사자, 지역 주민이 쉽게 모여 교류하고 정보를 교환하는 장소를 제공하고 있다. 하지만 인지증 모임을 위한 구별된 자리는 없다. 일반 손님들과 똑같이 앉아 이야기를 나눈다. 굳이 인지증 모임이라는 것을 드러낼 이유가 없다는 것이다. 시간이 흐르는 가운데 사람들은 이들의 모임을 알아차리고 인지증에 대한 관심이 자연스럽게 지역 사회에 확산한다고 생각하는 것이다.

대표적으로 도쿄 남부 외곽 마치다시에 스타벅스 'D-카페'가 있다. 마치다시는 인지증 환자 친화 도시로 조성되어 2015년부터 인지증 환자가 살기 좋은 동네를 만들기 위한 인지증 카페와 인지증 환자의 이해를 돕기 위한 서점을 운영하고 있다. 마치다시는 시내의 스타벅스 총 8개 매장을 한 달에 한 번씩 'D-카페'로 운영했다. '스타벅스 재팬'도 기업의 사회적 책임(CRS)을 가지고 커뮤니티 공헌을 위해 각 점포가 자주적으로 지역 사회 활동을 할 수 있도록 권장하고 있다.

마치다시의 D-카페 로고가 담긴 안내문

출처 : 마치다시 D-카페 홈페이지(dementia-friendly-machida.org)

도쿄 서부 교외 센가와의 카페 '오렌지 데이 센가와'는 한 달에 한 번 '주문이 틀리는 카페'로 변신한다. 이 카페의 주인이 인지증이 있는 부모에게 한 달에 한 번 카페 일을 맡긴 것이 시작이었다. 이 카페에서 서빙하는 사람들은 모두 인지증 고령자들이다. 서빙을 하면서 주문서를 잃어버리거나 엉뚱한 음료를 가져다주는 등 실수를 연발하지만 손님들은 인지증 고령자라는 사실을 이해하고 불평하지 않는다. 이 카페에는 인지증을 앓던 가족을 떠나보낸 손님들이 찾아오기도 한다.

'Sompo케어' 센터에서는 인지증 응원 프로젝트 'Orange+'를 운영해 지역과 연결 속에서 인지증에 대한 올바른 지식과 정보 제공, 이해 촉진에 노력하고 있다. 도치기현 우쓰노미야시에는 오렌지 살롱 '이시쿠라 카페'가 있다. 마을에 방치되어 있던 벽돌 창고를 개조해서 만든 카페이다. 매월 두 번 정도 문을 열고 인지증 가족들 간의 다양한 정보를 교환하고 있다.

인지증 카페의 장점은 다음과 같다. 첫째, 인지증 카페는 지역 주민에게 열린 공간이기 때문에 부담 없이 인지증이나 가족 돌봄에 관한 고민과 불안을 상담할 수 있다. 둘째, 인지증 카페에 가면 전문가가 상담해 주어 다양한 정보를 얻을 수 있다. 셋째, 인지증 환자나 가족이 모여 서로의 경험이나 고민을 공유할 수 있다. 넷째, 인지증 환자뿐만 아니라 가족과 지인도 사용할 수 있다. 인지증 환자는 지역 사회와의 연결성을 유지할 수 있다.

일본은 2015년 1월 후생노동성을 중심으로 '신오렌지플랜'이라는 국가 전략 중 '인지증 시책 추진 종합전략'을 내놓았다. 인지증에 대한 이해도를 높이기 위한 활동을 포함해서 7개의 카테고리를 만들었다. 추진 시책 중 하나가 인지증 카페 개설이다.

후생노동성의 2021년 실적 조사에 의하면, 47도·부·현에서 1,543개, 시·정·촌에서 약 7,904개의 카페가 운영되고 있다. 인지증 카페는 마을회관이나 지역의 커뮤니티센터 등의 공간을 이용해 열리는 휴게 장소이기도 하다. 운영 주체는 돌봄 시설이나 지역 포괄 지원 센터, 지역의 NPO(비영리법인)들이 운영하고 있었다.

한편, 일본에는 인지증 카페와 유사한 '시니어 살롱'이 있다. 두 곳 모두 인지증 환자나 고령자, 그 가족, 지역 주민이 모여 교류하는 장소이다. 법에 의한 명확한 목적이나 형태는 규정되어 있지 않지만 인지증 카페와 시니어 살롱은 다음과 같이 구분하고 있다.

| 인지증 카페와 시니어 살롱

역 할	인지증 카페	시니어 살롱
취 지	인지증이라는 키워드 아래 인지증 환자나 가족, 지역 주민 등이 모여 정보교환이나 공감을 하는 편안한 장소	지역 고령자의 고립을 방지하기 위해 지역을 거점으로 하여 당사자인 지역 주민과 봉사자가 함께 운영해 가는 연결의 장소
운영주체	돌봄 시설, 지역 포괄지원센터 등	사회복지협력의회, 자치회 임원 자원봉사 등
위 치	돌봄 시설, 지역 커뮤니티센터 등	지역 커뮤니티센터, 상점가의 빈 점포 등
참여대상	인지증 환자, 가족, 지역 주민, 돌봄·복지 전문직 등	고령자, 지역 주민, 자원봉사 등
대 상	돌봄·복지 전문가나 연수를 받는 시민 자원봉사자가 참가하고 있음	전문직 연수가 필수는 아님. 돌봄 예방이나 인지증예방을 목적으로 한 동호회 활동 등

자료 : Sompoケア 홈페이지(www.sompocare.com)

주문을 틀리는 요리점 '치바루'

《주문을 틀리는 요리점》이라는 책이 있다. 이 책은 2017년 NHK에서 실행한 '주문을 틀리는 요리점' 프로젝트에서 있었던 다양한 에피소드를 담고 있다. 이 프로젝트는 인지증이 있어도 평범하게 살아갈 수 있다는 것을 보여주고자 기획되었다.

'주문을 틀리는 요리점'에 근무하는 인지증 고령자

출처 : 注文をまちがえる料理店 홈페이지
(www-dev.mistakeorders.com.s3-website-ap-northeast-1.amazonaws.com)

프로젝트가 아닌 실제 인지증 환자를 고용하는 식당이 있다. 노인보호시설에서 일하던 복지사가 인지증 환자도 적절한 환경이 제공되면 사회의 일원으로서 선택지를 갖고 살아갈 수 있다는 비전을 갖고 '치바루식당'을 개업하였다.

치바루식당에는 인지증 고령자가 접객업무 담당 종업원으로 일하고 있다. 식당의 종업원은 모두 인지증을 가지고 있기 때문에 주문과 다른 메뉴가 나올 수 있음을 사전에 고객에게 알리고 양해를 구한다. 예상할 수 있듯이 이 식당에서는 상상 밖의 일이 일어난다. 주문한 메뉴가 바뀌는 일은 다반사이고, 아예 주문 접수가 안 되거나 주문을 여러 번 이야기해도 다시 물으러 오는 경우도 있다. 주문받는 것을 잊은 채 옛날이야기 삼매경에 빠진 인지증 종업원과 이야기꽃을 피우는 손님이 있고, 다른 메뉴가 나오면 알아서 메뉴를 바꾸는 손님도 있다. 불평하거나 화를 내는 손님은 아무도 없다. 오히려 주문한 메뉴와 다른 음식이 나오면 웃음꽃이 핀다. 여기저기 소통의 목소리가 퍼지며 종업원들의 실수를 손님들과 척척 해결해 가는 모습이 가득하다. 이처럼 이 식당에서는 모두가 즐거워한다.

'주문을 틀리는 요리점'의 인지증 극복 방법이 특이하다. 인지증 환자들의 잦은 실수와 해프닝을 환자 본인이 아니라 손님들이 극복하는 방식이다. 주문이 틀리면 웃음으로 수용하고, 자연스럽게 옆 테이블의 음식과 바꾸는 등 실수를 손님들의 자연스러운 배려와 관용으로 받아들인다.

인지증 프렌들리! 바로 이 부분이 중요하다. 치바루식당처럼 인지증을 가진 사람들을 이해하고 배려하는 환경이 마련되면, 인지증에 있어도 사회와 격리되지 않고 지역 사회와 공존할 수 있다. 일본은 이러한 선구적인 노력 덕분에 인지증 환자가 사회에서 아무것도 할 수 없다는 편견이 점점 사라지고 있다. 경도 인지증 증상이 있는 사람도 약간의 도움을 받으면 간단한 일은 해낼 수 있다는 인식이 넓어지고 있다.

03
존엄과 자립을 실천하는 요양시설

기저귀 없는 요양 시설 '모리노카제'

입소자 평균 연령이 90세인 요양 시설에 기저귀가 없다. 이런 일을 상상이나 할 수 있을까? 일반적으로 거동이 불편한 고령자들이 요양원에 입소하면 무조건 기저귀를 채운다.

일본에는 '모리노카제(杜の風)·우에하라'라는 노인홈이 있다. 2013년 4월 사회복지법인 정길복지회가 도쿄 시부야구에서 시작하였다. 모리노카제·우에하라에는 특별양호 노인홈, 단기입소생활돌봄센터, 데이 서비스, 거택개호(방문돌봄)지원센터 등 4개 시설이 한곳에서 운영되고 있다.

모리노카제·우에하라는 '기저귀 없는 요양원'을 운영하고 있다. 입소 고령자는 80여 명, 단기 이용자는 20명에 이른다. 평균 연령은 90.3세이다. 매일 집에서 방문하는 데이 서비스(주간보호센터)를 이용하는 고령자는 35명 정도이다.

모리노카제·우에하라 건물 전경

노인홈 입구에서 이리자와 시설장과 함께

이리자와 이즈미 시설장은 다소 갑작스러운 방문에도 친절하게 응대를 해주었다. 먼저 안내한 곳은 1층의 재활 치료실이었다. 이곳은 고령자를 위한 여섯 종류의 트레이닝 기계를 이용해 일상생활 동작을 안전하게 훈련하고 있다. 평소 사용하지 않는 근육을 움직여 전신 기능을 향상, 안정된 신체 움직임의 개선과 자립성을 향상한다. 청결한 환경 속에 십수 명의 고령자들이 각자 치료를 받고 있었다.

특히 눈에 띈 광경은 고령자들이 몸을 움직여 걷기나 운동기구를 이용하지만 개호 복지사들은 그들의 뒤와 옆에서 따라가되 직접 부축하지는 않고 있었다. 그야말로 '자립 지원 케어'를 눈으로 확인하였다.

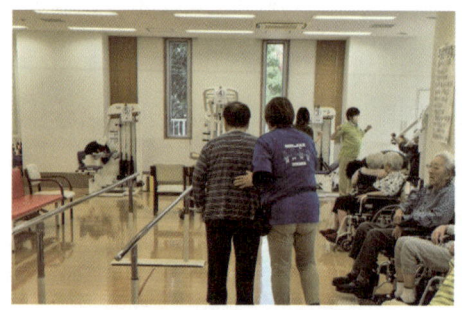
재활실에서 운동하는 고령자와 케어하는 요양보호사

노인홈에서 체조를 따라 하는 고령자

이어서 2층 노인홈 시설로 안내하였다. 이리자와 시설장은 모리노카제 노인홈을 개원할 당시 내걸었던 시설 운영 방침이 "기저귀 없는 노인홈"이라고 했다. 입소 고령자가 건강하게 재활하는 것을 최종 목표로 기저귀를 차지 않고 다시 걸을 수 있도록 케어하겠다는 의미였다. 그래서 이곳에 입소하면 기저귀 착용을 금지한다. 이 방침은 시설 이용자의 ADL(일상생활동작능력) 향상이나 인지증의 증상개선을 위해 자립 지원 개호 이론에 근거한 것이다.

자립 지원 케어에서 중요한 요소 중 하나가 '자립 배설', 즉 '기저귀 없는 배설 케어'이다. 모든 입소자가 변기에 앉아서 스스로 용변을 볼 수 있도록 유도하는 체계이다. 요양원은 이를 구축하기 위해 전문가들의 자문을 받으며 수년 동안 고민과 연구를 거듭했다. 대부분의 입소자가 변비를 겪고 있었고 이를 해결하려 설사약을 사용하다 보니 기저귀가 필요해지고, 건강이 악화되는 악순환이 반복되고 있었다. 이에 모리노카제는 문제의 원인을 명확하게 분석하고 방안을 모색하였다. 목표는 '생리적으로 규칙적인 화장실 배변'으로 잡았으며 실천 방안으로 네 가지 기본 케어가 마련되었다.

1. 수분 섭취 : 매일 1500㎖의 물 마시기
2. 식사 관리 : 하루 1500㎉ 섭취하기
3. 운동 습관 : 걷기 위한 기초 체력 기르기
4. 자연 배변 : 화장실에서 배설하기

이 프로그램은 입소와 동시에 설사약을 중단하는 것부터 시작된다. 설사약은 자립 배설에 도움이 되지 않기 때문이다. 규칙적인 식생활과 충분한 식이섬유 섭취를 장려하며 아침에는 반드시 냉수를 마시도록 한다. 또한 보행 능력 회복을 위한 꾸준한 운동을 실시하여 화장실 변기에 앉아 스스로 배변할 수 있도록 돕는다. 이를 위해 매일 정해진 시간에 배설을 유도하는 습관을 형성하고 있다.

이 노인홈에서는 애초에 기저귀를 왜 없애고자 했을까? 기저귀를 이용한 배설 케어는 입소자나 돌봄 직원 모두에게 좋지 않은 영향을 준다는 점이 그 이유이다. 기저귀 착용은 입소 고령자의 '인간의 존엄성'을 해친다. 인간성 침해가 발생한다는 것이다. 또한 건강에도 좋지 않다. 기저귀로 발진이 나타나는 경우가 사용자의 50%에 이르며, 방광염을 갖게 되는 사람은 80%까지 있다. 기저귀 착용은 오히려 건강 상태를 악화한다. 뿐만 아니라 돌봄 직원(요양보호사)에게 있어서도 육체적인 고통을 주며 전문성을 저하한다. 이러한 이유로 입소한 날부터 기저귀 사용을 금지하고 있다는 설명이다.

"걷지 못하는 것은 하체 근력의 저하가 아니라, 걷는 방법을 잊어버렸기 때문이다."

배설 케어를 위해 보행 연습을 반복하는 것이 중요하다. 걷지 못하는 환자들은 하지 근력이 약해진 원인도 있지만 걷는 방법을 잊어버렸기 때문이라고 한다. 근력을 늘린다는 생각보다 반복해서 걸음으로써 걷는 방법을 기억하게 하는 학습이 필요하다.

한편, 이리자와 시설장은 모리노카제의 특별한 방침으로 인해 "인력이 더 많이 투입된다. 돌봄 직원들 사이에 갈등을 유발한다. 조기 퇴원으로 수익이 줄어든다." 등 주변의 우려도 있었다고 한다. 하지만 덕분에 시설의 인지도가 향상되고, 기저귀 구입비나 쓰레기 처리비 등의 비용이 절감되어 경영이 건전하게 바뀌었다고 말했다. 입소 고령자들의 건강은 좋아졌지만 경영 면에서는 오히려 적자를 기록했다. 그래서 입소 고령자들의 건강이 좋아진 점을 들어 지자체에 지원금 보충을 요청하고 있다고 한다.

모리노카제가 성과를 거둔 데는 무엇보다도 환자 중심의 케어 활동과 입소 고령자들의 자긍심을 동시에 고려하려는 노력이 컸으리라 생각한다. 또한, 2016년 11월 10일에 개최된 총리주재 회의 결과의 영향도 있을 것이다. 2015년 4월 일본 정부가 신오렌지플랜 정책을 발표한 직후였다. 신오렌지플랜의 기본이념에서 인지증에 걸린 사람의 의사가 존중되고 가능한 한 살던 지역의 좋은 지역 환경에서 스스로 살아갈 수 있는 사회의 실현이라는 목표가 제시됐다.

일본의 재활은 총리주재 회의 전과 후로 구분된다. 이전에는 고령자들이 못 하는 것을 도와주는 것에 초점을 맞추었다면, 이후에는 고령자들이 혼자 할 수 있게 도와주는 자립 지원에 기본 축을 두고 돌봄이 더는 필요 없는 상태까지 회복하는 것을 목표로 하고 있다.

일본 내각부 조사에 의하면 간병인에게 '간병 활동 중 가장 힘든 점이 무엇이냐?'는 질문에 응답자 63%가 '배설 간병'이라고 했다. 또한 '환자에게 마지막까지 무엇을 바라느냐?'는 질문에 '스스로 배설할 수 있는 것'의 응답이 가장 많았다. 남의 도움을 받는 배설은 존엄과 자존감을 떨어뜨린다고 했다.

일본이 이러한 자립 지원으로 방향을 선회하게 된 것은 개호(돌봄)보험 재정난, 돌봄 인력 부족 등의 현실적인 문제에서 기인했다는 주장도 있다. 10년 후에는 현재의 두 배인 20조 엔 이상이 개호보험 재정에 투입될 것이라는 전망 때문이다. 또한 돌봄 인력의 부족이 예상되며, 고령화 문제를 아시아에서 가장 먼저 겪고 있다는 점과 선진국답게 돌봄 제도에 대해 적극적인 대처를 하지 않을 수 없다는 책임감도 작용했다고 한다.

존엄케어 요양 시설 '요리아이 숲'

'요리아이 숲(よりあいの森)'은 사회복지법인 히카리복지회에서 운영하는 지역 밀착형 특별양호 노인홈이다. 한국의 너싱홈과 요양원 중간 단계로 볼 수 있다. 매뉴얼에 맞춘 기존 요양 시설의 시스템에서 벗어나 이용자가 익숙한 곳에서 편안하고 따뜻한 분위기 속에서 여생을 보낼 수 있도록 맞춤형 돌봄을 제공한다. 정해진 시간 및 프로그램 없이 입소자들이 원하는 시간에 음식을 먹고, 자고 싶을 때 잠을 자는 등 최대한 익숙하고 편안함을 느낄 수 있도록 돕는 것에 중점을 둔 '사람 중심'의 특별양호 노인홈이다.

이 시설은 특별한 계기로 시작되었다. 1990년 92세의 독거 고령자로 인지증 증세를 가지고 있던 오바 노부요는 집에서 목욕도 하지 않은 채 오물 속에 홀로 살고 있었다. 같은 아파트에 사는 주민들 사이에서 원성이 자자했다. 이에 지자체에서 지역의 간병 전문가 시모무라에 도움을 요청하였다.

시모무라는 오바 할머니에게 요양 시설 입소를 권유했지만 오바 할머니는 집을 떠나지 않겠다며 단호하게 거부했다. 지역의 요양 시설 또한 오바 할머니의 입소를 거부했다. 그러자 시모무라는 옛 동료들에게 도움을 요청하였고, 3명의 동료 여성 간병인이 교대로 방문 간호를 하였다.

간병인들은 덴쇼지라는 사찰에서 일주일에 한 번씩 주간서비스 공간을 빌렸다. 그렇게 시작된 것이 '요리아이'이다. 요리아이는 1991년 11월부터 덴쇼지의 다실에서 시작됐다. 1990년은 주간 서비스 시설이 부족한 때였다. 기묘한 주간 서비스에 관한 소문이 지역 사회에 순식간에 퍼져 나갔다. 여기저기서 몰려온 고령자들로 덴쇼지 다실과 거실, 본당까지 넘쳐 더는 수용할 수 없게 되었다.

세 간병인 여성은 우여곡절 끝에 덴쇼지 옆 낡은 주택을 임대해 1992년 11월 본격적으로 주간 서비스를 시작했다. 이곳의 문을 열기 전에 '탁로소(託老所) 요리아이'라는 이름을 오바에게 보여주자, 할머니는 "맡긴다니! 노인은 맡기는 대상이 아니야! 당신들, 노인을 그런 식으로 취급하지 마!"라고 불호령을 내렸다. 그래서 맡길 탁(託)을 집 택(宅)으로 바꾸었고, 〈택로소(宅老所) 요리아이〉가 탄생됐다. '요리아이'는 '한데 모임'이라는 뜻을 가지고 있다. "고령자는 맡기는 대상이 아니야!"라는 오바 할머니의 외침은 요양 시설을 운영하는 사람들이 마음에 깊이 새겨볼 일이다.

그렇게 1995년에 정식 개소한 요리아이의 돌봄은 '고령자 한 명이라도 그의 삶을 온전히 책임진다'는 자세로 시작됐고, 시설 형태는 '아무리 봐도 시설로 보이지 않을 시설'이었다. 요리아이는 1991년 문을 연 이래 지역 밀착형 돌봄을 표방하며, 현재는 후쿠오카시 주오구 지행의 '택로소 요리아이', 미나미구 히라하라의 '제2 택로소 요리아이'와 특별양호 노인홈 '요리아이의 숲' 등 세 곳이 운영되고 있다.

그중 특별양호 노인홈 '요리아이 숲'은 2015년 4월 후쿠오카시 최초로 만들어진 2층짜리 목조요양 시설로, 중증 질환 등으로 가정에서 생활이 불가능한 고령자가 입주해 생활하는 요양 시설이다. 입주 자격이 까다롭지만 비교적 저렴하게 이용할 수 있는 공적 개호보험제도에 속하는 시설이다.

입소 고령자는 26명 정도이며, 2명은 단기 거주 고령자로 이들은 항상 보살핌이 필요해 집에서 생활하기 어려운 고령자라는 특징을 가지고 있다. 직원은 총 24명(시설장 1명, 생활 상담원 1명, 요양보호사 16명, 간호사 1명, 기타 인력 5명)이다. 이 시설은 고령자의 인권을 존중해 주는 곳으로 소문이 나서인지 인기가 많아 대기자만

40~50명에 이른다고 한다.

'요리아이 숲' 노인홈은 입소한 고령자가 어떤 병증을 앓고 있든, 어떤 성격이든, 어떤 행동을 하든 '있는 그대로의 존재'로 인정하고 관계의 새로운 역사를 써 나가는 시설이다. 노래를 부르거나 잠을 자거나 조용히 앉아 있거나 차를 마시거나 각자 자기 스타일 대로 모임 활동을 한다.

요리아이의 돌봄 노하우는, 바로 입소자들이 싫어하는 것은 하지 않는 것이다. 격리하는 대신 한 사람의 인권 떠올리기, 짜놓은 프로그램대로 입소자를 억지로 씻기거나 단체 율동을 추게 하는 대신에, 쉬고 싶을 땐 쉬고 잘 수 있도록 존중하기 등이 방식이다. 이러한 요리아이의 사례가 일본 NHK 방송 다큐멘터리로 방영되자 일본 사회에서 뜨거운 반향이 일어났다.

"요양 시설을 사회에서 격리하는 것이 아니라 지역 사회와 자연스럽게 연결하도록 만든다."

이것이 요리아이가 만드는 요양 시설의 모습이다. 요리아이를 견학한 짧은 소감이다. 요리아이는 우리 삶에서 가치, 의미, 존엄과 같이 품격 있는 돌봄은 어떻게 가능할지 지금도 계속해서 묻고 있어서 인지증이 걸려도 괜찮게 살 수 있는 대안을 꾸준히 탐색하고 있는 듯했다.

❶ 요리아이 숲 나무간판(시설 입구)
❷ 요리아이 숲 전경
❸ 입소 고령자들의 사진과 소품
❹ 공용 생활공간에서 환담을 나누는 입소 고령자 모습
❺ 평소 사용하던 가구들이 있는 1인실 공간

'요리아이' 홈페이지에 소개된 시설 생활 지침을 살펴보면, 이 시설이 어떻게 운영되고 있는지 상상할 수 있다.

시설 생활 지침

- 음식을 먹고 싶다. 환자식이 아니라 흔한 집밥을 평범하게 먹고 싶다.
- 혼자서 쓸쓸하게 먹는 게 아니라 많은 사람들과 시끌벅적하게 어울려서 먹고 싶다.
- 기저귀는 싫다. 대소변은 화장실에서 스스로 시원하게 보고 싶다.
- 부탁하지도 않은 돌봄과 재활은 하기 싫다.
- 누군가 맘대로 만든 일정표 때문에 내 생활 리듬이 흐트러지는 게 싫다.
- 그보다는 낮잠을 즐기고 싶다. 입안 가득 과자를 먹고 싶다.
- 옛날이야기를 주고받다가 날씨가 좋으면 바깥으로 훌쩍 나가서 계절의 흐름을 느끼고 싶다.
- 익숙한 동네에서 마지막까지 나답게 살고 싶다.
- 모르는 장소에서 쓸쓸하게 죽기보다 낯익은 사람들이 많아 안심할 수 있는 곳에서 평온하게 눈을 감고 싶다.

만약 '요리아이'의 이념이라고 부를 만한 것이 있다면, 이처럼 '당연한 바람과 생활을 최대한 지원하는 것'입니다. 우리는 고령자를 부담스러운 짐처럼 여기지 않겠습니다.
격리하지 않겠습니다. 구속하지 않습니다. 약에 찌들게 하지 않겠습니다.
노화의 시간과 리듬에 어우러지며 고립되기 쉬운 어르신 및 그 가족들과 함께합니다.

요리아이 숲 노인홈에서 사회복지법인 함께하는마음재단 연수단, 노인홈 시설장 및 직원들

다음은 2024년 11월 22일 사회복지법인 함께하는마음재단 연수단이 '요리아이 숲 노인홈'을 견학한 후 야스나가 슈헤이(安永周平) 시설장에게 시설 운영 전반에 대해 인터뷰한 내용이다.

Q. '요리아이 숲' 노인홈 시설 허가 과정부터 개원까지 님비 현상은 없었나요?

A. 시설을 짓기 5년 전부터 인근 이웃, 입소 희망, 근무 예정자들과 함께 논의를 많이 했습니다. 예를 들면, 다다미방이 좋을지, 목조건물이 좋을지, 건물 방향 등 시설 내부 환경 및 부지 선택, 운영 방식까지 좋은 시설을 만드는 방법에 대해 협의하였습니다. 충분한 협의를 통해 결정된 사항에 대해서 이의를 제기하는 사람은 없어서 그 후 운영은 원활하게 하고 있습니다.

Q. 시설을 둘러보니 실내 가구들이 오래된 것 같은데 의도된 실내장식인가요?
A. 일부 기증받은 가구도 있지만, 입소자분들에게 익숙한 패턴의 가구를 일부러 배치한 것입니다.

Q. 방마다 가구와 식기, 생활용품 등이 다른데 그 이유가 있나요?
A. 침대는 시설 물품이고, 가구 외에는 입소 고령자들이 자택에서 사용하던 물건을 가지고 오셔서 입소 전 살던 집과 유사한 환경 속에서 생활하도록 해서 그렇습니다.

Q. 시설에 입소할 수 있는 조건과 이용액 부담은 어느 정도인지요?
A. 입소 조건은 후쿠오카시 시민이면 되고, 개호보험 등급 3~5등급자이면 이용할 수 있습니다. (일본에서는 한국과 반대로 5등급이 가장 높은 등급) 현재 50명 정도 입소 대기 중에 있습니다. 식사비와 본인부담금은 자부담이며 개인 수입과 수준에 따라 차등 부과하고 있으며, 그 외 비용은 개호보험으로 지원합니다. 부족한 운영비는 국가에서 일부 보조를 받고 있습니다. 월 이용자가 부담하는 금액은 개인별로 차등이 있기는 하나 15만 엔 정도입니다.

Q. 시설 입소 고령자의 평균 연령은 어떻게 되나요?
A. 평균 90세 정도로 연세가 많은 편입니다.

Q. 시설장, 요양복지사, 간호사 등 모든 직원들의 복장이 자유로운데 유니폼을 입지 않는 이유가 따로 있나요?

A. 유니폼은 돌봄을 하는 사람과 받는 사람을 구분합니다. 돌봄을 받는 사람이 불편함을 느낄 수 있어서 구분 없이 더불어 살아간다는 자세로 모든 직원들이 일상복으로 근무하고 있습니다. 직원이 유니폼을 입고 있으면 그 직분에 맞는 역할과 생각을 하게 됩니다. 유니폼을 입지 않아도 각자 자신의 역할에 대해 인식하고 있어서 근무하는 데에는 전혀 문제가 없습니다. 이 점은 우리 시설만의 특별한 운영 방식이라고 볼 수 있습니다.

Q. 이렇게 운영하려면 직원들의 태도나 자세가 운영 방침과 맞아야 할 텐데, 직원 선발 기준이나 채용된 직원에 대한 훈련 방식이 따로 있는가요?

A. 현재 일본은 돌봄 인력이 부족하여 직원 선발 기준을 두지 않습니다. 오히려 근무하겠다는 사람이 있으면 적극 환영하는 입장입니다. 우리 시설에 근무할 수 있는 사람인지 아닌지에 대한 가치관 정도를 판단합니다. 특별한 교육이나 훈련 프로그램은 없고 함께 일하면서 고민과 경험을 공유하는 등 상시로 교감하면서 생활하고 있습니다.

Q. 가족과 입소자와의 교류는 자유로운가요?

A. 원하면 가족 면회는 언제나 자유롭게 가능합니다. 시설을 개방하여 자유롭게 드나들 수 있도록 하고 있습니다. 특별한 사정이 있으면 밤늦게 방문해도 가족을 만날 수 있습니다. 그리고 3개월에 1회 정도 가족회의를 진행하고 있습니다.

Q. 여기에서는 일반적인 요양 시설과 달리 정해진 프로그램이 없고, 어르신 자유 의지에 대응하는 방식으로 돌봄을 한다고 알고 있습니다. 운영 형태에 대해 말씀 부탁드립니다.

A. 특별한 프로그램은 없습니다. 날씨가 좋으면 나들이 가고, 비가 오면 비를 즐기는 등 자유롭게 생활하는 것이 우리 시설의 특징이라면 특징입니다. 자택에서 생활하는 방식대로 기저귀를 기본적으로 사용하지 않습니다.

Q. 그렇다면 요리아이 운영 방식에 대해 지자체가 개입하는가요? 이때의 평가는 어떻게 진행되는가요?

A. 물론입니다. 보조금을 받기 때문에 연 1회 정도 정부의 감사와 평가를 받습니다. 타 시설과 비교 평가하는 방식이 아니라 우리 노인홈 운영 방식에 따른 시설 평가를 받고 있습니다. 평가 기준은 까다로운 편입니다.

Q. 일본에는 '요리아이 숲'과 같은 형태의 요양 시설이 많은가요?

A. 시설 간 교류가 없어 파악은 어려우나, 1~2곳 정도 있는 것으로 알고 있습니다. 이런 형태의 운영은 일본에서도 드문 사례라 생각합니다. '요리아이 숲'의 운영체제는 어려움을 겪는 한 인간이라는 존재를 시작점으로 시스템을 세우고, 또 다른 인간의 어려움에 따라서 시스템을 변화하는 구조로 이루어져 있습니다.

Q. 유튜브에서 입소자의 임종을 다 같이 지켜보는 영상을 보았는데, 입소 어르신들이 돌아가실 때 장례 절차는 어떤지요?

A. 시설 차원에서 특별한 장례 절차가 있는 것은 아닙니다. 입소 어르신들도, 가족들도 죽음을 자연스럽게 받아들이고 가정집에서 돌아가신 것과 같이 장례 절차를 하고 있습니다.

살면서 늙는 곳 '요리아이 노인홈' 《정신은 좀 없습니다만 품위까지 잃은 건 아니랍니다》 책에는 택로소에서부터 지금의 노인홈 '요리라이 숲'이 걸어온 길과 운영 전반이 상세히 소개되어 있다.
책 《돌봄, 동기화, 자유》에는 요리아이의 무라세 다카오소장이 37년간 고령자들을 돌보면서 겪은 다양한 에피소드와 '돌봄과 나이듦'에 대한 철학적 사유가 담겨 있다.

04
생활 지원 서비스가 제공되는 '고령자 주택'

   일본 고령자들의 주거 문제는 고령화와 함께 중요한 사회적 과제로 인식되고 있다. 일본 정부는 고령자들이 안심하고 편안하게 생활할 수 있는 다양한 주거 형태를 개발·지원하고 있다.
   일본의 고령자 주거 형태는 크게 다섯 가지로 분류된다.

   첫째, 자택이다. 많은 고령자들은 자택에서 생활하는 것을 선호한다. 정부는 주택 개조, 주택 융자 등 고령자가 자택에서 편리하게 생활할 수 있도록 지원하고 있다.
   둘째, 서비스 고령자 주택이다. 도움이 필요한 경증의 상태 또는 건강한 고령자를 위한 임대주택이다. 식사, 청소, 건강 상담 등 다양한 생활 지원 서비스가 제공되는 주택이다.
   셋째, 유료 고령자 홈이다. 비교적 높은 비용이 드는 시설로 다양한 유형이 있다.
   넷째, 특별양호 노인홈이다. 중증의 상태의 고령자를 위한 시설이다. 비교적 저렴한 비용으로 이용할 수 있으며, 전문적인 간호 및 요양 서비스가 제공된다.

다섯째, 그룹홈이다. 인지증 고령자들이 소규모로 공동 생활하는 시설이다. 가정적인 분위기에서 생활하며 전문적인 케어를 받을 수 있다.

일본의 고령자 주택 시장은 계속 성장하고 있으며, 다양한 형태의 주택이 공급되고 있다. 특히 '서비스 고령자 주택'은 정부의 지원에 힘입어 빠르게 증가하고 있다. '서비스 고령자 주택'이란 생활 지원 서비스가 지원되는 주택이다. 고령자가 안심하고 생활할 수 있는 주거 만들기 추진을 위해 제정됐다. 거실의 넓이나 설비, 안정성과 편리함 등과 같은 외적 조건을 마련함과 동시에 케어 전문가에 의한 안부 확인이나 생활 상담 서비스 제공 등을 통해서 고령자가 안심하고 생활할 수 있도록 환경을 갖춘 주택이다.

일본의 서비스 제공 고령자 주택의 사례 몇 가지를 살펴보자.

사례 1 가정형 서비스 제공 고령자 주택 은목서(銀木犀)

도쿄도와 치바현 등지에 10개의 주택을 두고 있다. 이곳은 현관에 열쇠를 채우지 않고 바닥이나 손이 닿는 곳에 나무와 같은 자연소재를 사용했다. 특히 모든 은목서 주택에는 반드시 1층 공유 공간인 현관 근처에 간식 가게를 마련해서 고령자들이 마을의 아이들과 쉽게 교류할 수 있게 했다. 가게 점원은 입주한 고령자이다. 또한 이 공간은 지역 주민에게 열려 있어 동네 어른들과도 교류할 수 있는 장소로 활용된다. 병설 개호사업소에서 돌봄 서비스가 제공되는 것 외에는 일반 임대주택과 크게 다르지 않다. 고령자 쉐어 하우스에 가깝다.

사례 2 아쿠라스 그룹의 주택

후쿠오카현 다자이후시에 개설된 이곳은 고령자들이 원래 모습을 유지하며 생활할 수 있으며 지역 개방과 교류에 특화된 고령화 주택이다. 조용한 환경에 지어진 8세대의 건물에 거주하면서 병설된 카페, 식당, 갤러리, 도서관, 피트니스센터 등을 이용할 수 있다. 입주자와 지역 주민의 교류를 촉진하며, 입주자가 시설에서 일하면서 사회 참여와 활력을 유지할 수 있도록 지원하는 고령자 주택이다.

사례 3 쉐어(Share) 가나자와

이시카와현 가나자와시에 위치한 이곳에는 서비스 제공 고령자 주택, 아틀리에를 포함한 학생 주택, 아동 입소 시설 등이 있다. 마을에는 천연온천, 레스토랑, 라이브 하우스 등의 시설이 있어 사람들의 만남과 교류, 즐거움을 나눌 수 있다. 이곳에 거주하는 고령자는 각자의 신체에 맞는 일을 찾을 수 있으며, 제휴 의료기관, 데이 서비스, 방문 개호 스테이션 등을 이용할 수 있다. 쉐어 가나자와는 고령자를 비롯하여 대학생, 환자, 장애인 등 남녀노소가 서로 도우며 살아가는 고령자 주택이다.

사례 4 도치기생활협동조합(とちぎ生活協同組合) 고령자 주택

도치기현 우쓰노미야시에 있는 이 주택은 생협을 기반으로 설립된 사회복지법인이 운영하는 곳으로, 조합원과 지역 주민의 노후 주거 및 돌봄에 대한 욕구를 협동조합정신으로 해결한다. 데이 서비스, 방문요양, 재택 돌봄 지원, 소규모 주거 요양 시설, 단기 거주시설, 서비스 제공형 고령자 주택, 그룹홈, 정기 방문형 간호, 보육원 등을 통합 운영하면서 커뮤니티 케어를 실현하는 지역 사회 고령자 주택이다.

일본 고령자 주택이 시사하는 점은 고령자에게 주거와 돌봄은 분리될 수 없고, 취미 활동과 사회적 역할, 세대 간 교류가 이루어지는 복합적인 커뮤니티 공간이라는 점이다. 노인홈 등 요양 시설도 '시설'이라는 개념보다 '집·주택'이며, 일방적인 케어 서비스가 주어지는 것이 아니라 운영시설, 이용자, 가족, 지역 사회가 함께 어우러지는 커뮤니티를 지향하고 있다.

살던 데서 늙겠다. 집수리 비용 주는 일본

고령자 낙상사고의 약 60% 이상이 집에서 발생한다. 일본은 1~2인 고령자 가구가 급증하는 현 상황에서 고령자 부양 부담을 줄이고, 나이 들어도 살던 집에서 지낼 수 있는 환경을 조성한다는 측면에서 노화 대응 주택 개조는 국가적 과제가 되고 있다. 주택 개조는 고령자의 존엄성을 지키고 삶의 질을 유지하면서 사회적 비용이 적게 들고 효과를 볼 수 있는 고령화 대책이다. 일본은 개호보험(장기요양보험)을 통해 20만 엔 한도 내에서 고령자 주택 개조를 지원하면서 관련 산업이 커지고 있다. 그래서인지 고령자 주택에 입주하지 않고, 정부 지원을 받아 원래 살던 집을 고쳐서 사는 고령자가 증가하고 있다.

집수리의 핵심은 세 가지다. 휠체어를 타고 돌아다닐 수 있도록 문턱을 제거한다. 문손잡이는 쉽고 마찰력 있는 안전 손잡이로 한다. 곳곳에 미끄럼 방지판 패드를 깔아 낙상사고를 방지한다.

주요 개조 사례를 살펴보자. 첫 번째는 단차 해소이다. 현관, 복도, 욕실 등 곳곳의 높낮이를 제거하여 휠체어 이동을 편하게 한다. 또한 미끄럼 방지 바닥재를 설치하여 낙상사고를 예방한다. 문턱을 없애고 넓은 출입구를 확보하여 이동 편의성을 도모한다. 두 번째는 안전설비 설치이다. 욕실, 화장실 등에 안전 손잡이를 설치하여 이동 및 사용을 안전하게 한다. 긴급 호출 시스템을 설치하여 위급 상황 발생 시 신속하게 도움을 받을 수 있도록 하고, 화재 감지기 및 가스 경보기 등을 설치하여 안전을 강화한다. 세 번째는 스마트 홈 시스템 도입이다. 고령자의 움직임을 센서로 감지하고, 이상 징후 발생 시 알림을 제공한다. 음성 인식 시스템으로 조명, 냉난방 등을 제어하여 편의성을 높이며, 원격 건강 관리 시스템으로 고령자의 건강 상태를 실시간 모니터링하는 개조 사업이 있다.

앞으로 한국에도 이러한 주택 개조 사업은 공공이나 민간 차원에서 활발히 진행될 것이다. 돌봄이 필요한 고령자는 꾸준히 증가하고 있으나 노인 관련 시설은 턱없이 부족하다. 대도시의 고령자들이 모두 요양 시설에 들어가는 것은 불가능하다.

개호보험을 활용한 고령자 주택 개조

❶ 단차 해소
❷ 미끄럼 방지 바닥재 설치
❸ 문턱 제거
❹ 안전 손잡이 설치
❺ 호출 시스템 설치
❻ 화재 감지기 설치

자료 : ㈜미야 홈 홈페이지(miyahome.net)

고령자들의 마지막 소원, "자택 임종"

일본의 '자택 임종'은 2016년~2022년 13%에서 17.4%로 증가한 반면 병원 사망은 85%에서 80%로 감소세를 보였다. 자택에서 돌봄을 받으며 익숙한 사람들과 살고 싶다는 것이다. 일본은 2016년 고령자 돌봄 정책 변경하여, 요양원 등 수용 중심에서 '자택 중심 돌봄' 병행하고 있다. 이러한 배경에는 간병 인력의 부족, 병원·시설의 병상 부족이 있다.

사회학자인 우에노 치즈코 도쿄대 명예교수는 EBS 다큐프라임 3부작 〈내 마지막 집은 어디인가?〉에서 "집에서 혼자 죽을 수 있는 삶이 행복한 삶, 재택사."라는 주장을 하였다.

05
주택·케어·복지가 어우러진 공동체 주택 '나스마을'

먼 길을 달려 나스마을에 도착하였다. 도쿄에서 약 180㎞ 떨어진 도치기현의 나스마을은 고원 지대로 낙농업과 시카노 온천 등으로 유명하다. 폐교된 초등학교를 개조하여 다세대 공생형 커뮤니티(나스마을 만들기 광장)를 만들었다. 도쿄에서 전철로 4시간 만에 도치키현에 도착하여 1박을 하고, 다음 날 두 시간 이동하여 나스마을에 도착했다. 시설 운영을 맡고 있는 카부라기 다카아이 이사가 반갑게 안내해 주었다.

나스마을 입구에서 카부라기 이사와 저자 일행

'나스마을'은 나스마을 만들기㈜가 운영하고 있다. 고령자 주택을 중심으로 한 저출산 고령사회의 새로운 거점 '100년 커뮤니티의 마을 만들기'를 실천하기 위한 작업으로 시작하였다. 1995년에 발생한 한신대지진 때 이재민을 지원을 시작으로 재택의료 활동을 해 온 의료팀이 중심이 되어 사단법인 커뮤니티 네트워크협회를 결성했다. 향후 일본 사회에 다세대·다문화의 공생형(共生形) 커뮤니티 보급이 중요하다고 생각하여 '마을 만들기'라는 발상을 하게 되었다. 협회는 이를 실천하기 위해서 현재 '100년 커뮤니티'를 만드는 활동을 진행하고 있다. '나스마을' 사업도 폐교를 활용해 저출산·고령 사회의 여러 과제를 해결하는 새로운 커뮤니티의 창조를 사업목적으로 만들어졌으며, 마을 재생의 선도적 사례로 꼽힌다.

'나스마을'의 탄생과 운영 중심에는 치카야마 케이코(74세) 대표가 있다. 치카야마 대표는 30대부터 어머니의 간병을 시작으로 '주택기획'이라는 새로운 방향으로 진로를 변경하여 40년 가까이 고령자 주택을 만드는 기획자로 일해 오고 있다.

치카야마 대표의 어머니가 퇴원한 40년 전의 일본은 고령사회로 막 진입한 시기였다. 고령자 문제 등 여러 사회문제가 발생하였고 요양 시설은 너무 열악하였다. 유료 고령자요양 시설은 입주비가 너무 비싸 현실적으로 서민들이 선택하기 어려운 곳이었다. 치카야마 대표는 어머니가 존중받으며 살기를 바랐으며 어머니의 간병으로 자신의 삶을 희생하고 싶지 않았다.

치카야마 대표는 노년의 문턱에서 인생의 마지막 거처를 구상하던 중 나스마을의 폐교를 보고 사업 아이디어를 떠올렸다. 당시 마을의 초등학교 50%가 폐교되고 있었다. 폐교의 처리는 자치단체의 고민거리인 동시에 과제였다. 치카야마 대표는 2017년 나스마을 지자체의 '저출생·고령화사회의 작은 거점 만들기' 사업에 공모하여 1등을 했고, 지자체로부터 폐교 수리 및 사용 허락을 받았다. 뜻이 맞는 사람과 함께 초기자본을 모으고, 투자를 받아 폐교 수리를 시작했다. 은행 대출과 정부 보조금으로 시공비를 마련하였고, 2022년 말에 공사가 끝났다. 주택뿐만 아니라 다양한 생활시설이 한데 모여 마을의 모습을 갖추게 되었다.

　버려진 학교를 고령자들이 사는 마을로 바꿔보겠다는 치카야마의 상상은 현실이 되었다. 학교에 있던 수영장은 공동주택으로, 급식실은 빵집으로, 교무실과 교실은 식당과 마트 등으로 완전히 바뀌었다.

　2023년 1월부터 입주를 시작하여, 현재 70여 세대 83명이 살고 있다. 나스마을 공생형 커뮤니티의 가장 큰 특징은 입주민의 80% 이상이 60~90대의 고령층이지만 다양성과 즐거움을 중요시한다는 점이다.

나스마을의 시설

출처 : 일본 (사)커뮤니티 네트워크협회 홈페이지(nasuhiroba.com)

'광장의 집·나스 1'은 건강한 고령자들을 위한 주택으로, 고령기의 생활을 자유롭게 살기 위한 적당한 연결과 지지를 유지하는 구조를 갖추고 있다. 예를 들면, 365일 직원 상주, 애완동물과 함께 살 수 있고, 매일 안전 확인, 긴급 시 대응, 입·퇴원 동행, 픽업 차량(9인승) 운행 등이다. 나스 1은 입주희망자가 많아져서 32호가 더해질 예정이다.

'광장의 집·나스 2'는 누구나 존중받으며 사는 집으로, 60세부터의 돌봄을 중시한 집이다. 입주 조건은 요양 등급 1등급 이상으로 간병이 필요한 고령자들이다. 공동생활과 거실에서 지내는 데 문제가 없으며 상시 의료기관 등에서 치료받지 않는 고령자로 제한하고 있다. 개인실 26실, 24시간 직원 거주. 객실에서는 변화하는 자연의 계절을 즐길 수 있는 환경을 갖추고 있다.

'광장의 집·나스 3'은 다세대를 위한 집이다. 새로운 생활을 찾고 싶은 사람, 새로운 커뮤니티를 만들고 싶은 사람, 육아 세대 등 나스마을 이주를 원하는 사람들에게 추천하는 집이다.

'돌봄 나스'는 본모습을 잃지 않고 살기 위한 집으로 간호사와 함께 사는 '쉐어 하우스'이다. 재택 돌봄이나 그룹홈에서 어려운 링거 등의 의료 처치가 가능한 곳이다. 임종을 앞두고 하루하루를 알차고 즐겁게 보낼 수 있도록 지원한다.

'본부동'에는 사무실과 음악 공방 등 각종 프로그램실, 데이 서비스센터, 노동자협동조합 등이 있다. 복도는 도서관으로 꾸며져 있었고, 입주자들은 각자 욕구와 취미에 맞는 활동을 할 수 있다. 나스마을의 '락교(樂敎)' 프로그램은 입주자들의 의견을 받거나, 기획된 안을 승인받는 과정을 통해 매달 변경되며, 매일 프로그램이 운영되고 있다.

나스마을 내 생활협동조합 매장 모습   프로그램실에서 기치료를 받는 주민들

다음은 나스마을 만들기 초창기부터 핵심 멤버로 활동하고 있는 '카부라기 다카아이(鏑木孝昭)' 이사와 나누었던 이야기이다.

Q. 나스마을의 핵심 개념은 무엇인가요?
A. 일반적인 고령자 주택은 주택 중심으로 구성되어 있지만, 이곳은 '주택+케어+복지'라는 세 요소가 하나로 어우러져 있다는 점이 핵심입니다. 그런 점에서 나스마을은 일본에서 가장 우수한 고령자 주택 사례 중 하나라 봅니다.

Q. 일본의 고령화 추세를 고려했을 때 정부 차원에서 이런 사업을 전국적으로 확산할 필요가 있다고 생각하는가요?
A. 정부 차원에서도 할 수 있겠지만, 이곳과 같은 마을을 만들기 위해서는 공동체에 대한 수십 년의 노하우와 집념 그리고 열정이 축적되어야 합니다. 전반적인 운영에서 인권적인 측면 등 철학이 전제되어야 하므로, 누구나 할 수 있는 일은 아니라고 생각합니다. 인생의 진짜 완성기는 은퇴 이후의 삶이라 생각하는데, 그 삶은 공동체 생활을 통해 비로소 완성됩니다. 그곳이 바로 '나스마을'입니다.

Q. 제2 광장의 집이 2025년에 완공 예정이라고 알고 있는데, 입주가 늘어나는 이유는 무엇이라고 생각하는가요?

A. 이 마을에는 예술, 독서, 학습 등 고령자 문화가 있습니다. '나스마을'만의 철학과 독특한 운영 방식으로 생긴 문화가 이유 중 하나라 생각합니다.

Q. 외부인이 들어왔을 때 지역 갈등이 생길 수도 있는데, 지역 주민과 교류는 어떻게 이루어지고 있나요?

A. 나스마을은 처음부터 지역 주민과 활발한 교류를 하고 있습니다. 한 예로 이 지역의 농민이 생산한 농산물을 이곳 생협 매장에 납품하고 있어서 농민들이 안정적인 수익을 가져가고 있습니다. 생활협동조합은 입주민들도 이용하지만, 인근 주민들도 많이 이용하고 있습니다.

이 마을에는 입주 고령자들이 자신의 역할과 하고 싶은 일을 찾고, 다양한 사람들과 교류하며 함께 살아가고 있었다. 텃밭 가꾸기 모임, 온천 모임, 아침 산책 모임, 영상 만들기 모임, 훌라댄스 모임 등 저마다 취향에 맞는 모임을 만들거나 참여한다. 입주자들은 "각자의 역할을 가진 마을 구성원으로 살 수 있다는 것은 나스마을에서만 느낄 수 있는 행복이다."라고 입을 모아서 말한다.

한국 사회도 고령 인구가 늘어나면서 고령자들을 위한 주거환경도 변화해야 한다는 요구가 커지고 있다. 최근 들어 고령자 주택에 관한 관심이 급증하고 있다. 고령자 주택을 단순 건축개념으로 지어서는 안 된다고 생각한다. 고령자 주택은 주거 공간뿐만 아니라, 삶의 질을 높이고, 건강과 안전을 보장하는 역할을 해야 한다. 그런

점에서 나스마을이 갖추고 있는 '주택+케어+복지'라는 세 요소가 어우러진 공동체 공간에 주목할 필요가 있다. 고령자 주택의 커뮤니티 활성화가 중요하다.

치카야마 대표의 글이 인상적이다.

"고령자가 희망하는 생활은 자유로운 생활이 보장되고 다양한 세대와 자신이 살던 곳에서 계속 사는 것이다. 자신이 살던 곳에서 사는 것은 저출생 고령화사회에서는 매우 힘들기 때문에 마지막까지 살 수 있는 장소로 빨리 옮기는 것이 중요하다."

• 시니어 라이프

인지증 대응 7대 원칙

일본 생활재활연구소의 미요시 하루키(三好春樹)[6] 대표는 간병 재활 분야의 전문가이다. 피간병인의 존엄성을 최우선으로 하는 고령자 간병 방법과 철학을 널리 알리고 있다. 그가 제안한 '인지증 대응 7대 원칙'은 일본 공영방송 NHK 프로그램 〈원포인트 간병의 기술〉에 소개되면서 많은 주목을 받았다.

원칙 1. 환경을 바꾸지 않는다

고령자에게 가장 큰 환경 변화는 바로 '입원'이다. 낯선 병원이나 요양원의 환경이 인지증을 유발할 수 있다. 이사, 방 바꾸기, 시설 입·퇴소 등도 인지증을 악화하는 원인이 된다. 익숙한 집을 떠나 낯선 환경에서 생활해야 하는 것은 고령자에게 큰 스트레스가 되며 긍정적인 영향을 주지 못한다. 가능한 한 정든 사람들과 익숙한 환경, 특히 오래 살아온 집에서 생활하는 것이 도움이 된다. 거처를 옮겨야 한다면 기존 생활권과 가까운 시설을 선택하는 것이 좋다. 인간관계와 생활 습관을 유지할 수 있어 인지증 악화 방지에 도움이 될 수 있다.

---

[6] 전문 재활치료사. 물리치료사(PT)로 고령자의 돌봄 현장에서 재활치료에 힘썼다. 1985년부터 '생활 재활 강좌'를 열고 연간 150회가 넘는 강의와 실기 지도를 통해 인간성을 중시한 돌봄 본연의 가치를 전파하고 있다. 저서로는 《관계 장애론》, 《생활 장애론》, 《배변 배뇨의 돌봄학》, 《돌봄 추천! 희망과 창조의 고령자 케어 입문》 등이 있다. 최근 안전하고 편안하게 모시는 가족 돌봄 안내서 《부모님이 나이 들고 아플 때 간병·간호하는 책》을 발간했다.

원칙 2. 생활 습관을 바꾸지 않는다

생활 습관을 바꾸지 않는 것이 중요하다. 요양 시설의 개인실, 공동욕실, 기계 목욕, 화장실 등 새로운 환경은 고령자에게 큰 부담이 된다. 개방된 공간에서 생활할 수 있도록 배려가 필요하고, 목욕도 자택에서 하던 방식을 유지하는 것이 좋다. 매일 반복하는 사적인 생활 습관이 기존 방식에서 크게 벗어나지 않도록 배려해야 한다. 새로운 습관에 적응해야 하는 일에 스트레스를 받을 수 있다.

원칙 3. 인간관계를 바꾸지 않는다

어느 요양 시설에서 운영자가 직원들의 배치를 전면 교체하는 일이 있었다. 그 바람에 입소 고령자들이 문제를 일으켜 곤욕을 치렀다. 친근한 얼굴이 보이지 않자 불안 증세가 갑자기 심해진 것이다.

고령자가 시설에 입소하기 전에 가족과 여러 차례 미리 방문하도록 하는 게 중요하다. 입소 전 요양 시설의 직원들과 친해지면 입소 후에도 자연스럽게 인간관계가 이루어질 수 있다. 입소 직후의 가족 면회는 꼭 필요하다. 입소 고령자들이 새로운 환경에 빨리 익숙해지도록 일정 기간 가족 면회를 금지하는 곳이 있는데, 이는 매우 잘못된 방식이다.

원칙 4. 간병을 보다 기본적으로

간병의 기본 요소는 '식사, 배설, 입욕' 세 가지이다. 이 요소를 충실히 해내는 것은 환자들의 문제행동을 줄이는 비결과도 연결된다. 식사는 맛있는 것을 제공하고, 배설은 가능한 화장실에서 하도록 하고, 목욕은 가정용 욕조에서 하는 것이 좋다. 인지증 환자일수록 맛있는 음식에 대한 갈망이 크다. 인지증 환자들은 좋아하는 음식을 먹을 때 마음이 편안해지고 안정감을 느낀다. 인지증에 걸려도 대소변을 느끼는 변의(便意) 감각은 예전 그대로이다. 귀찮더라도 반드시 화장실에 가서 일을 보도록 하는 것이 '배설 케어'의 기본이다. 처음부터 성인용 기저귀로 쉽게 해결하려고 하면 결국 기본적인 배설 능력을 포기하게 만드는 결과를 초래한다.

원칙 5. 개성적인 공간을 만든다

손때가 묻은 정든 물건은 인지증 환자에게 도움을 주는 중요한 물품이다. 정든 물건에는 소중한 추억이 담겨 있어 시설 생활에 안정감을 줄 수 있다. 그러나 시설에서는 관리가 쉽지 않다는 이유로 시설 입주 고령자들의 개인 물건 반입을 금지하거나 제한하는 경우가 많다. 모두 똑같은 가구로 채워진 방에서 개인 물건 하나 없이 생활해야 한다면 인지증 환자들은 심리적으로 불안을 느낄 수 있다.

추억이 담긴 물건이나 평소 사용하던 일상용품을 곁에 두도록 하는 것이 좋다. 인지증 환자는 그 물건들로 인해 시설을 자신의 개인적인 공간으로 인식하고 안정감을 느낄 수 있다.

원칙 6. 각자에게 역할을 부여한다

"인지증은 할 일이 없는 사람, 사회적 역할을 잃은 사람에게 진행된다." 인지증 환자에게 역할을 주었을 때 점차 문제행동이 없어지고 안정을 찾는 사례를 볼 수 있다. 해야 할 일이 있고 누군가에게 도움이 된다고 느낄 때 인지증 증상이 개선된다. 자신의 역할을 수행하여 보람을 느끼고 활력을 가질 수 있다. 역할은 인간관계를 만드는 데 중요하다. 다음의 조건에 따라 부여하면 더욱 도움이 될 것이다.

첫째, 입소 전에 하던 익숙한 일, 둘째, 환자의 신체·정신적 능력을 바탕으로 가능한 일, 셋째, 주변 사람들로부터 인정받을 수 있는 일.

인지증 환자가 자신감을 회복할 수 있도록 분명하게 칭찬해 주는 것이 좋다. 입소 고령자들이 반찬을 만들고 요양보호사, 간호사 등 직원들에게 반찬을 나눠주는 것부터 시작해도 좋다.

원칙 7. 개별적인 인간관계를 맺게 한다

"인지증 고령자는 남녀를 불문하고 모성이 풍부한 존재이다." 인간관계는 인지증 환자의 안정된 생활을 위한 중요한 요소이다. 서로 뜻이 잘 맞는 사람과 교류하는 것이 중요하다. 인지증 고령자에게는 세 유형의 친구가 있으면 좋다.

첫째, 공감해 주는 친구. 인지증 환자들끼리 교류하며 서로의 어려움에 공감할 수 있도록 인간관계를 형성하는 것이 도움이 된다. 둘째, 규범을 제시해 주는 친구. 인지증 고령자는 의외로 규범을 따르고 싶어 하는 경향이 있다. 화장실을 올바르게 이용하고 싶어 하고, 자기 침대에서 자고 싶어 하는 등 기본 생활 습관을 유지하려 한다. 셋째, 긴급한 상황에서 의지할 수 있는 친구. 인지증 환자가 절박한 상황에서 기댈 수 있는 존재는 대부분 간병인이다. 인지증 환자가 편안하고 안정된 생활을 하기 위해서는 돌봄을 넘어, 친구나 동료처럼 느끼는 간병인의 역할이 필요하다.

참고 : 일본 생활재활연구소 홈페이지(rihaken.org)

초고령사회 어찌할 것인가

4

소비시장의 변화, 시니어 시프트

01
시니어 시프트의 출현

　일본 소비시장에 변화가 일어나고 있다. 이른바 '시니어 시프트(Senior Shift)'이다. 시니어 시프트란 '고령화의 영향으로 정치·경제·사회·문화의 중심이 고령층으로 이동하는 현상'을 말한다. 평균수명의 증가와 저출생으로 고령화가 가속화되면서 고령자 세대가 소비시장의 중심으로 떠오른 것이다. 저축을 장려해 온 일본 정부의 경제 정책 방향성이 저축 대신 투자를 장려하는 정책으로 선회하면서, 금융권에서도 단카이 세대의 생애주기 전환점을 앞두고 본격적인 시니어 시프트가 시작됐다.

　1970~1980년대 일본의 고도성장기를 이끌어 온 단카이 세대가 은퇴 이후에도 소비 여력이 상당히 큰 것으로 분석되고 있다. 일본 미즈호은행 조사에 따르면, 2025년까지 일본의 시니어 시장 규모는 2007년 대비 61% 증가한 101조 엔까지 성장할 전망이다. 닛세이 연구소는 60세 이상 인구의 소비 총액은 2030년이 되면 전체 소비에서 차지하는 비중이 약 50%에 달할 것으로 예상했다.

　2025년, 액티비티 시니어 1세대인 단카이 세대가 전원 후기 고령자가 된다. 이들은 다양한 취미, 여가 활동을 즐기며 소비의 즐거움을 아는 세대이지만 후기 고령자로 넘어가면 이야기가 달라진다. 고령화가 본격화됨에 따라 상대적으로 의료·의약 및 간병산업 성장세가 생활사업 대비하여 커질 것으로 예상된다. 시니어 비즈니스는 시니어 소비자들의 불안, 불만, 불평을 정확히 파악하고 이를 해소해 주는 제품과 서비스에 관심이 쏠리고 있다.

저자는 2024년 여름, 일본의 시니어 시프트와 관련하여 주목받고 있는 몇몇 곳을 다녀왔다. 고령자들의 하라주쿠 스가모 지조도리 상점가, 일본 대표 편의점 업체인 '케어 로손', 신주쿠 '게이오 백화점' 등 견학한 곳을 중심으로 시니어 시프트 사례를 소개하겠다.

고령자들의 하라주쿠 '스가모 지조도리 상점가'

변함없이 북적이는 스가모 지조도리 상점가

도쿄에 고령자들의 쇼핑천국 '스가모 지조도리 상점가'가 있다. 이 거리는 젊은이들의 패션 중심지인 하라주쿠에 빗대어 '고령자들의 하라주쿠'라 부르기도 한다.

스가모 거리 약 800m 양가로 늘어선 이 상점가에는 의류, 건강식품, 생활용품, 카페, 식당, 떡집 등 약 200곳의 가게가 늘어서 있다. 많은 상점 가운데 빨간색 속옷 가게에는 소문대로 많은 남녀 고령자들이 물건을 고르고 있었다. 일본에서 빨간색은 행운과 장수의 상징이며 '60세 회갑을 맞이하면 아기로 돌아간다.'라며 회갑 때 빨간색 옷을 선물하는 풍습이 있다.

스가모 지조도리 상점가에서 인기 있는 떡집과 빨간 속옷 가게

상점마다 고령 고객을 배려하고 있었다. 큼지막하게 붙은 가격표나 앉아서 쉴 수 있는 의자, 넓은 통로 등이 인상적이었다. 어떤 가게는 출입문을 없애서 가게 안으로 자유롭게 들락거릴 수 있게 했다. 거리 중간중간에는 심장 제세동기가 설치되어 있고, 도로의 턱을 없애고 가게 간판의 글자도 크게 바꾸었다.

지팡이를 짚거나 보행기를 끌며 여유롭게 쇼핑을 즐기는 사람, 가게를 둘러보는 사람, 헤드폰을 끼고 흥얼거리는 사람, 카페에서 맥주 한 잔의 여유를 즐기는 사람 등 다양한 고령 고객들로 거리가 북적였다. 오랜 시간이 흐르며 손님도 주인도 다 고령자가 된 것이다.

스가모 거리 인근 전철역의 에스컬레이터는 고령자를 배려해 일반 에스컬레이터

보다 30% 느리게 움직인다. 이 구역을 지나가는 노면 전차도 거리의 풍경을 더 고색창연한 분위기를 만들어 주고 있다. 초고령사회 일본은 느리게 움직이고 있었다.

일본의 옛 모습과 전통을 간직하고 있는 스가모 거리에 고령자들이 모이게 된 것은 '고간지'라는 사찰 때문이라 한다. 상점가 중심에 있는 이 절은 1596년에 창건되어 1891년에 스가모로 옮겨졌다. 아픈 곳을 낫게 해준다는 지장보살을 모시고 있어서 매월 마지막 숫자가 4로 끝나는 참배일에는 몸이 불편한 참배객들로 붐빈다.

스가모 거리는 전국 각지에서 많은 방문객이 찾아오는데 고령자 특화상점이라 해서 고령자들만 오는 곳이 아니었다. 외국인이나 젊은이들도 옛 정취를 느끼기 위해서 방문한다. 스가모 지조도리 상점가는 특화 거리로 조성되어 연간 900만 명이 방문하는 도쿄의 유명한 관광 장소로 자리를 잡았다.

편의점 내 한 지붕 세 가족

일본은 '편의점 왕국'이다. 전국에 5만 5천여 개의 편의점이 있다. 65세 이상 고령자 인구가 전체 인구의 30%에 육박하는 초고령사회 국가인 일본에서 편의점이 고령사회의 중요한 인프라로 떠오르면서 일본을 상징하는 문화로 자리매김하고 있다. 일본 이동통신사 KDDI는 저출산 고령화 추세가 가속하면서 전국에 오프라인 점포를 가진 편의점의 역할이 커질 것으로 전망했다.

그 이유는 고령층은 상대적으로 이동반경이 좁고 서비스별 세분화된 전문 점포를 찾기 어렵다. 그렇기에 거주지에서 가까운 편의점에서 '원스톱 서비스'를 받고 싶은 욕구가 클 것이라는 판단이다. 또한, 여성의 노동 참가율이 높아졌고, 주부들이 쇼핑할 시간이 부족해지자 대형마트보다 가까운 편의점 이용이 늘고 있다.

일본의 편의점 중 하나인 로손은 2015년 고령자 등에 대한 돌봄 서비스를 제공하는 편의점을 열었다. 고령자들이 모여 지낼 수 있는 공간을 갖추고, 전문가(케어 매니저)를 배치하여 고령자 등에 대한 생활 지원을 상담하고 돌봄에 필요한 서비스나 시설에 대한 소개 및 알선 등의 활동을 하고 있다.

실버용품과 약국, 개호 상담소가 한 공간에 있는 편의점 로손

'헬스 서비스까지 제공하는 건강 스테이션'으로 진화한 편의점도 있다. 도쿄 시니가와구에 있는 로손에는 약국이 있다. 조제, 돌봄 상담, 영양상담의 복합 기능을 수행하는 편의점도 있다. 진통제나 반창고 같은 일반 의약품뿐만 아니라 처방전을 가지고 오면 조제약도 받을 수 있다. 자택에서 간병을 받은 환자에게 의약품 출장 조

제 서비스를 받을 수 있는 '로손 홈 약국'도 있다. 한 지점은 고령층 고객을 위한 '헬스 케어 특화매장'을 열고 케어 매니저가 케어 상담도 해주고 있다. 건강 서비스에 특화된 이러한 지점을 '케어(Care) 로손'이라 부른다.

일본 편의점이 살아남기 위해 선택한 전략은 '지역 밀착'이다. 집에서 가장 가까운 상권이라는 특성을 활용하여 물건을 파는 상점의 기능을 넘어 지역과 주민을 관리하는 종합 커뮤니티로 기능하고 있다는 점이다.

2011년 동일본 대지진 이후로 일본 편의점은 재난 시 구호 물품들을 제공하는 재난거점으로 거듭났다. 대지진 당시 편의점 업계 단체인 일본 프랜차이즈 체인협회는 지원 물자를 실은 트럭을 통해 피해지역 물자 전달에 나섰다. 그 이후 일본 편의점은 지방 단체와 '귀가곤란자 지원협정'을 맺고 대지진 등의 재난 발생으로 대중교통이 중단되어 발이 묶인 사람들에게 식수, 화장실, 도로 정보 제공 등의 서비스를 제공하고 있다.

일본에서 대형 편의점 프랜차이즈들은 모두 지역 밀착을 전략으로 내걸고 있다. '세븐일레븐'은 건강·지역·환경·인재라는 네 가지 비전을 공표하고, 각 지역의 원재료를 사용한 상품개발에 힘써 지역 식량 자급률을 향상하고 고용 창출까지 도모하고 있다. '로손'도 지역 밀착의 진화를 강조하며 전국 8곳에 지역회사(Area Company) 제도를 도입, 지역 한정 상품이나 지역 인기 식당 협업을 적극적으로 추진하고 있다.

한편, 일본 편의점은 지역민의 편리한 생활을 도모하는 사례를 넘어 방범 거점으로도 기능하고 있다. 스마트폰 사용법 안내나 복약지도, 금융상담뿐만 아니라 드론을 이용한 원격 배송 서비스도 준비하고 있다. 최근 인공지능(AI)을 탑재한 청소 및 재고 파악이 가능한 '로봇 직원'을 도입한 편의점도 있다.

고령자들의 쇼핑 성지 '게이오 백화점'

신주쿠에 있는 게이오 백화점은 스가모 거리처럼 고령자들의 쇼핑 성지 중의 하나이다. 신주쿠역 주변에 유명한 백화점들이 많지만 고령 소비자를 주요 고객으로 운영하는 곳은 게이오 백화점이 유일하다.

게이오 백화점은 2015년부터 일본의 고령화에 주목했다. 단카이 세대의 고령화에 따른 시니어 시장의 필요성을 예견하고, 고령 고객의 욕구를 파악했다. 게이오 백화점은 다른 백화점과 다른 전략을 추진하여 시니어 시프트(Senior Shift)에 성공한 비즈니스 모델이 되었다. 한국에도 여러 번 소개되었다.

게이오 백화점은 고령층의 생활 스타일을 잘 이해하고 있다. 전철과 바로 연결되는 지하 1층 식품관은 접근이 용이하여 고객 80% 이상이 고령자이다. 그래서 그런지 일본인에게 게이오 백화점의 이미지를 물으면 10명 중 8~9명은 고령자 백화점이라고 답을 한다.

고령 고객들이 자주 이용하는 쇼핑 동선이 있다. 1층을 돌아보고 전용 엘리베이터를 타고 8층으로 올라가 돌봄, 일상용품 쇼핑을 한 뒤, 지하 1층으로 내려가 신선식품 쇼핑을 하고 돌아간다. 1층 안내데스크에는 유모차와 휠체어 대여 서비스를 제공한다. 엘리베이터는 휠체어의 층간 이동이 편하도록 종합병원처럼 크고 속도가 느린 편이다.

백화점 맨 위층인 8층 매장에는 '하트 풀 플라자'라고 불리는 돌봄 용품 전용공간이 있다. 이곳은 30년 넘게 운영되고 있다. 고령자용 식품, 보조용품 등 고령자 고객을 위한 상품이 가득하다. 지팡이, 안경, 모자, 요실금 팬티 등 게이오 백화점만의 상품 구매 서비스가 돋보인다. 백화점에서 좀처럼 보기 힘든 맞춤형 속옷매장도 있다. 요실금 팬티, 몸매 보정을 위한 속옷 등 고령자 맞춤형 속옷매장은 게이오 백화점의 정체성을 상징하는 듯하다. 지하 식품매장에는 시니어를 위한 연식 등 다양한 유동식과 전통 과자 카페가 있다.

게이오 백화점 입구에는 안내소가, 엘리베이터에는 노약자 표식이,
8층엔 고령 친화적인 쇼핑 공간이 있다.

세련되어 보이지 않는 매장의 쇼핑 동선은 고령 고객들의 편의를 위한 배려인 듯하다. 휠체어 이동이 용이한 넓은 통행로와 매장과 매장의 경계를 직선으로 간결하게 정리하여 접근의 편리성을 확보하고 있었다. 특히 각 매장에는 고령자 돌봄 용품에 이해도가 높고, 노화로 인한 신체적, 정신적 상황을 잘 이해하는 40~60대 직원들이 있어 상품과 서비스에 대해 상세한 설명도 들을 수 있다.

게이오 백화점은 공간에 대한 배려도 철저하다. 옷걸이 및 진열대는 대체로 고령자 키에 맞춰 낮게 구성되어 있다. 쇼핑 공간도 대단히 고령자 친화적이어서 고령자 고객이 천천히 계산할 수 있는 테이블과 의자가 마련되어 있고, 매장 통로 중간중간 또는 엘리베이터 앞 등 곳곳에 쉼터와 의자가 있어 고령 고객이 쇼핑 중 간식을 먹거나 쉬어갈 수 있다. 상속, 유언, 재산 정리 등 노후 상담 서비스를 무료로 제공하는 상담창구도 마련되어 있어 고령자들의 쇼핑 성지임을 실감 나게 한 백화점이었다.

02
생필품 사러 가기 어려운 쇼핑 난민, 식품 사막

'쇼핑 난민, 구매 난민, 식품 사막'은 생필품을 사러 나가기 어려운 고령자를 일컫는 신조어이다. 주거지에서 마트나 편의점, 백화점 등의 거리가 500m 이상이고 자동차 이용이 어려운 65세 이상인 고령자 쇼핑 난민은 65세 이상 고령자 4명 중 1명에 달한다. 이들은 집 근처 생필품을 파는 마트가 없어 식료품 확보에 어려움을 겪고 있다. 일본 농림수산성은 2020년 쇼핑 난민의 수는 총 904만 명이고 그중 63%인 566만 명이 75세 이상이라고 보도했다.

65세 이상 쇼핑 난민의 수는 계속 늘고 있다. 2005년 인구로 추계했을 때, 678만 4천 명이던 쇼핑 난민은 2010년 732만 7천 명, 2015년 824만 6천 명, 2020년에는 900만 명을 넘어섰다. 쇼핑 난민은 시골 상점이 문을 닫는 가운데 버스나 전철 등 대중교통마저 사라져 쇼핑의 이중고를 겪고 있다. 도쿄를 중심으로 한 대형 재개발이 진행되면서 도심지에서도 신선식품을 사지 못하는 등 고령자가 걸어서 식품을 사러 갈 수 없는 이른바 '식품 사막'에 고립되는 등의 상황이 일어나고 있다. 식품 사막은, 걸어서 500m 안에 저렴한 상점이 없어 고기나 생선, 채소 등의 신선식품을 구하기 어려운 지역을 말한다.

　40년 전 뉴타운으로 조성된 한 아파트 단지 주민의 과반수가 고령자이다. 단지 내에는 슈퍼마켓이나 편의점이 없다. 물건을 구입하기 위해서는 차로 20분 정도 거리에 있는 도심까지 가야 한다. 외출이 어려운 고령 주민들은 쇼핑 난민이 되고 있다.

　생필품을 사러 나가기 어려운 쇼핑 난민의 증가는 대도시도 예외가 아니다. 일본 아자부 등 대표 부촌에서는 기존 동네 슈퍼가 사라지고 고급 식자재 등이 들어서면서 고령층이 이용하기 어려워졌다. 결국 많은 노인들이 쇼핑 난민으로 내몰리게 되었다. 특히 최근 초고층 복합건물이 들어선 도쿄 미나토구에서는 재개발로 인해 동네 슈퍼와 마트가 사라지면서 고령층을 중심으로 쇼핑 난민 문제가 심화되고 있다.

　쇼핑 난민은 여러 요인에서 비롯된다. 먼저, 고령화로 인해 이동이 어려워지면서 가까운 상점조차 가기 힘들어진다. 특히 교통이 불편한 시골 지역에 거주하는 고령층은 더욱 큰 불편을 겪는다. 또한, 대형마트와 편의점의 확산으로 소규모 상점들이 사라져 장을 보기 어려워지고 있다. 여기에 대중교통 이용이 어렵거나 자가용이 없는 경우, 마트나 시장에 가는 일이 힘들어져 쇼핑 난민이 될 위험이 커진다.

　일본의 고령화와 물가 상승은 쇼핑 난민의 증가를 심화하고 있다. 쇼핑 난민의 심화는 건강 문제로 이어지며, 삶의 질에도 심각한 영향을 미친다. 제때 상품 구매가 어려워져 영양실조나 만성질환 위험을 높이며, 고령자들을 사회로부터 소외·단절해 외로움을 더 느끼게 하는 상황을 만든다는 점이다.

쇼핑 난민을 구하는 '이동형 슈퍼'

도쿠시마루 이동형 슈퍼 차량

출처 : 도쿠시마루 홈페이지(www.tokushimaru.jp)

소형트럭이 경쾌한 로고송을 울리며 골목을 누빈다. 트럭에 장착된 진열대에는 각종 식품과 일용품뿐만 아니라 생선 등 신선식품을 보관하는 냉장고도 있다. 트럭이 멈추면 '미니 슈퍼'가 된다. 이동이 불편해서 일상용품 구매가 어려운 '쇼핑 난민'을 위한 '이동형 슈퍼'이다. 이 슈퍼를 이용하는 고객의 95% 이상이 70대 후반의 고령층이다.

이동형 슈퍼의 원조는 '도쿠시마루(とくし丸)'이다. 도쿠시마루의 도쿠시(篤志 ; とくし)는 어려운 사람을 돕는 등 사회적으로 좋은 일에 참여하거나 돈을 내놓는 사람이라는 '독지가'에서 유래하였다.

도쿠시마루는 창업 초기부터 쇼핑 난민이 되는 고령층을 대상으로 도쿠시마현에 만들어진 이동형 슈퍼이다. 2012년에 창업 이후 2014년에 도쿠시마현 외의 지역으로 진출하였다. 창업 당시 차량 두 대로 시작하여 2022년 5월 일본 전 지역에 1,006대 정도 운영하게 될 만큼 지속 성장하고 있다. 매출은 2016년 14억 엔(148억 원)에서 2020년 107억 엔(한화 약 1,134억 원)으로 7.6배 이상 확대될 만큼 시니어 산업으로 자리 잡고 있다. 2022년 8월 전국에서 운영 중인 도쿠시마루는 1,000대를 넘어섰으며, 이용객은 약 15만 명에 달하였다.

고객의 연령대는 주로 80대로 일주일에 한 지역에 2회 정도 방문하고 있다. 트럭에 냉장고를 탑재해 수산물, 신선식품, 반찬 등 약 400품목 등 1,200여 개의 물품을 판매한다. 필요한 상품은 예약 주문을 하면 받을 수 있다.

일본은 현재 버스, 소규모 트럭을 개조해 판매하는 것이 소매유통업계에서 인기를 얻고 있다. 이 업계에서는 이동형 슈퍼가 리테일을 유행한 계기를 마련한 회사라는 말이 나올 정도이다.

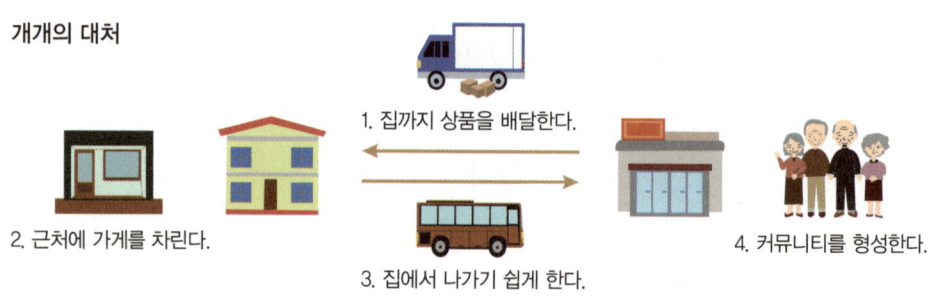

자료 : 일본 경제산업성 쇼핑 약자 대응매뉴얼

이동형 슈퍼는 주 2회 정도 같은 곳을 방문하는데, 주민들을 자주 만나면서 고령자 고객들이 어떠한 물품을 구매했는지 파악하고 있다. 물건을 팔기 전에 지난 방문 때 구매한 식품들을 다 소비하고 구매하는지 등을 확인한다. 특히 식품은 "○○이 제철이라 맛있습니다."라는 정보는 전달하지만, 호객 행위를 하거나 구매를 독려하지는 않는다. 고객과 신뢰를 쌓은 도쿠시마루만의 방법이다.

또한 도쿠시마루는 마을의 지킴이 역할을 자처하고 있다. 쇼핑 난민의 문제를 해결하고자 창업한 회사여서 그런지 '마을을 생각'하는 운영을 엿볼 수 있다. 최근에는 물품 판매뿐만 아니라 고령자들이 보이스피싱과 같은 '소비 사기'를 당하지 않도록 점검해 주는 일도 하고 있다. 방문 판매나 전화 권유로 판단이 어려운 65세 이상의 고령자들에게 터무니없는 금액을 제시하는 사례가 늘어나고 있어서이다.

니혼게이자 신문은 2024년 4월 "고령자 쇼핑 난민 수가 904만 명으로 전체 65세 이상 고령자 중 25.6%로 조사됐다."라고 보도했다. 또한 "상점 폐업, 버스나 전철 같은 대중교통 폐지로 물건을 사는 것에 어려움을 겪는 사람이 늘고 있으며 자동차 면허를 자진 반납하고, 이동판매나 택배에 의지하는 고령자들도 눈에 띈다."라고 전했다.

일본의 쇼핑 난민 문제에 대한 대책 유형은 5가지이다. 첫째, 다양한 유형의 상점 유치로 고령층의 다양한 소비 욕구를 충족하고 접근성을 향상한다. 둘째, 택시 이용 지원으로 이동 편의성을 높이고 쇼핑 접근성 개선한다. 셋째, 인터넷 또는 스마트폰 지원으로 온라인 쇼핑 이용 능력을 높인다. 넷째, 지역 사회 복지 시설과의 연계를 통한 해결책을 제공한다. 다섯째, 동네마다 쇼핑 동행 서비스 운영으로 사회적 소통 기회를 제공하고 있다.

쇼핑 난민을 위해 지자체별로 생필품 구매를 대행해 주는 활동 등을 지원해 주고 있지만 빠르게 진행되는 고령화 속도를 따라잡기에는 역부족이다. 고령자가 활동적인 소비를 하면 쇼핑 품목, 쇼핑 장소 등을 미리 계획하게 될 뿐만 아니라, 외출을 해서 여러 사람과 대화하고 교류할 수 있다. 또한 사회적 존재로 살아가게 되기 때문에 건강하게 오래 살 수 있는 효과가 있다. 고령자가 편의점을 방문하는 것만으로도 지역의 사회적 보호망이 작동될 수 있다.

슬로우 쇼핑과 느린 계산대

일본은 일상생활의 속도를 늦추고 있다. 편의점이나 마트의 계산대도 느리다. 고령자 전용 계산대를 설치하는 점포도 전국적으로 늘어나고 있다. 이른바 '슬로우 레지'(느린 계산대)이다.

90대 여성이 쇼핑카트를 밀고 느린 계산대에 섰다. 그러자 직원이 '서두르지 않으셔도 돼요.'라는 말을 건넨다. 천천히 지갑을 꺼내고 지폐와 동전을 세어 계산을 마쳤다. 이 고령 고객은 '이제 생각대로 몸이 움직이지 않는 나이인데, 이러한 느린 계산대라면 눈치를 안 봐도 돼서 편하다.'라며 미소를 지었다.

느린 계산대는 2019년 이와테현 타키자와시 슈퍼마켓에서 시작됐다. 인지증이 있는 고객을 위해 자원봉사자들이 계산을 도와주면서 '슬로우 쇼핑'이라는 개념이 소개됐다.

2020년 7월, 후쿠오카현 유쿠하시의 유메타운 미나미 지점에서 시범적으로 '느린 계산대'라는 고령자 전용 라인을 설치했다. 당시 점장은 "마트가 혼잡할 때는 계산대에 긴 줄이 생기고, 서둘러 지불하려다가 지갑을 떨어뜨리는 등 당황하는 고령자들이 있어 초조해하지 않고 느긋하게 계산할 수 있는 느린 계산대를 만들게 됐다."라고 하였다. 이는 이 지점 고객의 약 40%가 60대 이상인 것을 반영한 조치였다. 운영 초기에는 월 2회, 2시간 정도만 운영하였으나 반응이 좋아 2021년 2월부터 상설 가동하고 있다. 유메타운은 해당 지점 외에 약 64개의 점포에도 느린 계산대를 설치해 운영하고 있다.

후쿠이현의 생활협동조합이 운영하는 식품매장 허츠(Hearts)도 2022년 '느긋한 레인(ゆっくりレーン)'이라는 고령자 전용의 계산대를 시범 운영하면서 고객으로부터 호응을 얻었다. 4월부터 전 점포에 도입했고, 처음에는 주 1회로 운영했지만 지금은 매일 운영하고 있다.

    매장마다 느린 계산대를 운영하고 대응하는 방법은 다르겠지만, 느긋한 계산대 앞에는 "고령자, 노약자, 임산부, 휠체어 고객 등 고객의 속도에 맞추어 대응하겠습니다.", "바쁘신 고객은 별도의 계산대를 이용해 주십시오."라는 안내 배너를 설치해 고령의 고객이 천천히 계산할 수 있도록 배려한다. 매장 측은 느린 계산대 전용 운영 매뉴얼을 만들어 직원을 교육하고 있다. "천천히 또박또박 말할 것, 이야기를 잘 들으며, 늦어도 괜찮다고 말해줄 것, 무거운 바구니는 옮겨줄 것, 영수증은 별도로 전달할 것."

    유메타운의 느린 계산대의 특별한 점은 인지증이 있는 고령자도 이용할 수 있도록 직원 40여 명이 '인지증 서포터 양성 강좌'를 수료하였다는 점이다. 교육을 받은 직원들은 고령자 고객들이 계산을 잘못해도 지적하지 않고 친절하게 응대해 준다.

    느린 계산대에는 고령자 외에도 경도인지장애, 몸이 불편한 사람, 임산부 등의 고객들이 줄을 설 정도로 반응이 좋다. 계산원과 고객이 친근한 농담을 주고받기도 하면서 관계를 쌓아가고 있다.

    계산대에 대화를 즐기러 오는 고객도 있다. 느린 계산대를 운영하는 점포의 배려 깊은 응대가 소문이 나면서 매출도 오르고 있다고 한다. 지역 인구의 절반이 고령자가 되어가는 일본에서 고령화 시대에 발맞춰 느린 계산대의 운영 필요성은 더욱 높아지고 있다.

03
사람과 기술이 공존하는 돌봄의 해법

집 청소부터 말벗까지 '고령자 가사 대행 서비스'

"집 청소부터 장례 서비스까지!" 초고령사회 일본에서는 혼자 또는 부부 세대만 사는 고령자가 많다. 가족이 없거나 별거하는 고령자가 증가하고 있지만, 자식들은 살기 바빠서 부모를 돌보는 데 어려움을 겪고 있다. 그렇기에 혼자 생활하기 힘든 고령자들을 위해 대행업체뿐만 아니라 은행·보험 등 금융기관이 나서서 다양한 생활 서비스를 지원하고 있다.

집 청소, 장보기, 요리, 정리 정돈, 묘지 청소 등은 대중적인 가사 대행 서비스 품목이 되었다. 간병과 동행, 가사 돌봄 매칭 서비스, 정기 방문 및 긴급출동, 입소와 입원 등의 수속 대행, 장례·제사 준비 등의 다양한 생활 지원 서비스가 제공되고 있으며, 많은 기업들이 이 서비스 시장에 앞다퉈 진출하고 있다.

최근 요리 대행 서비스의 인기가 상승하고 있다. 나이가 들면 딱딱한 채소나 과일을 썰기 힘들기 때문에 재료 준비, 설거지와 정리 정돈까지 대행해 주는 서비스업체들이 호황이다. 무릎과 허리에 질환을 가진 고령자들의 청소 대행, 시장 보기 등의 일도 날로 커지며 고령층의 생활 부담을 덜어주고 있다. 산책, 잡지나 신문을 읽어주는 서비스, 장기나 바둑을 같이 두어주는 서비스, 손이 닿지 않는 가려운 곳을 긁어주는 서비스 등 다양하게 많은 서비스가 있다.

손주뻘인 대학생이 혼자 사는 고령자와 짝을 이루어 스마트폰 사용법 교육, 외출 동행, 말벗 등의 서비스를 제공하는 '모또 메이트(もっとメイト ; 가까운 친구)' 서비스도 있다. 이러한 가족 대행 서비스 외에도 사망했을 때 가족 대신 납골이나 가재도구 정리 등을 처리해 주는 사후 대행 서비스도 늘고 있다.

또한 일본의 한 금융회사는 '선택하는 안심 신탁' 상품을 개발해서, 계약한 고객에게 자산·보전·승계라는 금융기능에 요양·돌봄·안부 확인, 주택 개조, 가사 대행 등의 생활 지원 서비스를 추가 제공한다.

일본 생명은 보험계약자를 대상으로 인생 100세 시대에 혼자 사는 고령자들을 위한 가족 대행 서비스로 고령자 지원 서비스를 제공하고 있다. 병원이나 요양 시설에 들어가기 위한 신원 보증, 병원 입·퇴원 시 동행, 건강·요양·재산 등 각종 상담, 전화 안부 확인, 베리어프리(Barrier-free) 특화 여행 등을 지원하고, 사망 후에는 장례, 묘지관리, 유품 정리 등 장례 서비스를 제공한다. 한국에서도 고령 친화 사업 아이템으로 해도 좋은 상품들이다.

최근에는 고령화와 가족 구조의 변화로 인해 노쇠한 부모의 입원과 간병, 장례 절차까지 대신 처리해 주는 가족 대행 서비스가 늘어났다. 이러한 서비스는 주로 자녀 세대가 부모의 돌봄에 어려움을 느끼거나, 부모와의 관계가 소원해진 경우에 이용되고 있으며, 나이 들어 병든 부모를 돌보고 싶지 않다는 자식들이 가족 대행 서비스를 의뢰하는 경우도 있다. 또한 오랜 기간 부모와 연락이 없던 자녀들이 갑작스러운 상황에서 어떻게 대처해야 할지 몰라서 이러한 서비스를 찾는 사례도 늘고 있다. 고령자를 대상으로 한 생활 서비스의 수요는 최근 2~3년 사이에 34배 증가하였으며, 신청자 중에는 부모를 돌보는 데 한계를 느끼는 자녀가 많다.

도요아케시의 '찻토(ちゃっと)' 서비스도 인기가 있다. 짧은 시간에 고령자들의 손발이 되어 주는 서비스이다. 도요아케시는 인구 7만 명의 소도시로 4명 중 1명이 65세 이상 고령자이다. 고령자들이 지역 사회에서 건강하게 살 수 있게 하자는 취지에서 이 서비스를 도입했고, 도요아케시 '서로돕기센터'를 운영하고 있다. 간단함과 접근성이 서비스의 핵심이다. 서비스 대상은 고령자와 장애인으로 30분 250엔, 1시간 500엔에 이용 가능하다.

서비스는 청소, 요리, 수선, 장보기, 쓰레기 배출, 말벗, 외출 동행, 전구·배터리 교체, 화초 관리 등 간단한 일이다. 찻토 서비스 도우미는 동네 주민 중에 뽑는다. 도우미는 활동의 대가로 현금을 받거나 서비스 시간을 적립할 수 있다. 적립된 시간은 나중에 도움이 필요할 때 쓸 수 있다. 시간 적립을 통해 노노 케어가 가능한 지역 내 상호부조 문화인 셈이다. 이 서비스 덕분에 시에서 운영하는 개호 복지사가 줄어 재정을 아끼는 효과까지 있다고 한다. 찻토 서비스의 수요는 꾸준히 증가하고 있다.

이처럼 일본의 고령자들이 생활 지원 서비스를 이용하는 이유는 혼자가 되어도 자존감을 갖고 자립생활을 하고 가족이나 다른 사람들에게 폐를 끼치고 싶어 하지 않는 경향 때문이다. 또한 본인이 건강할 때 미리 정해 놓은 서비스를 이용하면서 생의 마지막까지 자존감을 지키며 자기 책임 아래 죽음을 준비한다는 일본 고령자의 사생관이 아닐까?

로봇과 인간이 협력하는 '돌봄 서비스'

일본은 빠르게 초고령사회에 진입하여 돌봄의 수요와 비용이 지속 증가하고 있다. 돌봄 노동자 부족 현상은 2030년이 되면 더욱 심화할 것으로 예상한다. 일본 정부는 돌봄 인력 부족 현상을 해소하기 위해 돌봄 노동자 급여 상승, 제한적이었던 이민 정책에서 외국인 돌봄 인력을 적극 유치 그리고 로봇을 이용하는 것까지 바라보고 있다. 일본 정부와 기업은 돌봄 로봇과 첨단 IT 장비를 도입하였다. 2013년부터 '로봇 돌봄 장려 프로젝트'를 실시하는 등 20년 넘게 돌봄 로봇을 개발해 왔다. 2018년까지 돌봄 연구개발에 3억 달러(약 3,700억 원)를 투자하였다.

현재 일본 고령자 주택에는 혈압, 소변량, 수면의 질과 같은 건강지표를 살피는 IT 장비가 설치되고, 고령자의 이동, 식사, 배변, 목욕 등을 도와주는 돌봄 로봇개발도 진행되고 있다. 인지증 고령자의 정서적 안정을 위해 개발된 아이스크림을 닮은 물개 로봇 '파로(Paro)', 소프트뱅크가 개발한 사람의 표정과 음성을 인식해 상호작용하는 감성 인공지능 로봇 '페퍼(Pepper)'와 노인용 AI 챗봇들도 개발되고 있다.

요양원과 병원에서는 돌봄 로봇을 활용하여 자동 이동형 로봇이 약품이나 식사를 배달하고, 센서 기반 로봇이 고령자의 움직임을 감지해 낙상 사고를 예방하는 데 사용되고 있다. 도쿄의 한 시설에서는 로봇이 팝송을 부르고, 침대에 센서를 설치하여 수면 상태를 체크하고 밤에 사람들이 돌아다니는 것을 줄이고 있다. 후쿠오카현의 한 요양 시설에서는 후쿠오카현이 개발한 '허그(Hug)'를 활용하여 간병인의 환자 이동 부담을 줄이고 있다. 일본 보험회사 솜포 홀딩스는 일본 전국에 470여 곳의 노인 주택을 운영하고 있다. 이 회사는 기술과 데이터에 기반한 요양 서비스를 제공하고 있는데, 수면 측정 센서, 자동으로 체위를 바꿔주는 매트리스, 음식의 점성을 조절하는 기기들을 도입하였다.

돌봄 로봇은 인력 부족 문제를 해결하고 간병인의 신체적, 정신적 부담을 줄일 수 있으며 반복 업무를 대신해 업무 효율성을 높이는 장점을 가지고 있다. AI와 ICT 기술의 발전으로 로봇 기능이 향상되어 고령자들의 삶의 질을 높일 수 있다.

하지만 돌봄 로봇의 상용화에는 한계가 있다. 2019년 조사에 따르면, 일본 전국 9,000곳 이상의 노인 돌봄 기관 중 약 10%만이 돌봄 로봇을 도입했다고 답했으며, 2021년 연구에서는 재택 요양 제공자 442명 중 2%만이 돌봄 로봇을 사용한 경험이 있다고 답했다. 이 수치는 로봇 도입과 실제 사용 사이에 큰 격차가 있음을 나타낸다. 그 이유로는 돌봄 로봇의 개발 및 유지 비용이 높고 기술적 한계로 중소 요양 시설에서는 정부 지원 없이 돌봄 로봇 도입이 쉽지 않다는 점이다. 기술이 발전했지만 돌봄 로봇의 정서적 교감이나 개인별 맞춤 돌봄에 한계가 따르기 때문에 돌봄 로봇의 실제 도입률이 낮은 상황이다.

기술적 한계와 높은 비용, 감성적 돌봄 부족으로 로봇이 돌봄 현장에서 완전히 활용되기까지는 시간이 필요할 것으로 보인다. 돌봄 로봇의 활용 범위는 시간이 지날수록 확대되어 '로봇과 인간이 함께 협력하여 돌봄 서비스를 제공'하는 새로운 돌봄 모델이 발전할 것으로 예상된다.

04
인생을 마무리하는 활동 '종활(終活)'

'엔딩 서포트' 서비스

독거 고령자가 사망하면 장례식을 치러주고, 남은 살림살이를 정리해 주거나, 행정관청에 사망신고까지 해주는 행정서비스가 일본에서 인기를 끌고 있다. 이는 일본 지자체가 앞다퉈 도입하고 있는 행정 복지제도인 '엔딩 서포트(Ending Support)'이다. 가족이 없는 고령자가 혼자 사망하는 사례가 증가하면서 일본 정치권에서 이 제도를 공약으로 내걸고 지자체마다 이 제도를 도입하는 데 열을 올리고 있다.

엔딩 서포트 서비스는 경제적으로 넉넉하지 않고, 찾아오는 가족도 없는 쓸쓸한 독거 고령자의 불안감을 달래주기 위해 고안되었다. 엔딩 노트나 유언서 보관 장소, 긴급연락처 등을 등록하여 질병이나 사망으로 의사표시를 할 수 없게 되었을 때, 필요에 따라 지자체에서 가족이나 경찰에 연락하여 본인이 희망하는 최후를 이룰 수 있다.

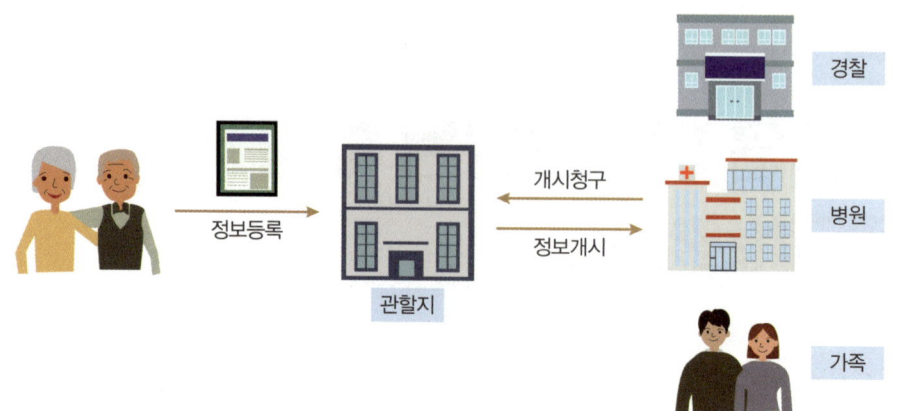

엔딩 서포트 지원서비스 흐름도

  오사카, 나고야시의 사례를 소개하면 다음과 같다. 65세 이상의 해당 지역 시민 중 자녀가 없고 예탁금 50만 엔 이상을 낼 수 있으면 가입할 수 있다. 계약자가 살아 있는 동안 담당 공무원이 1대1로 관리해 준다. 매달 한 번씩 안부 전화와 6개월에 한 번은 가정방문을 진행한다. 예탁금이 없는 기초생활수급자는 매달 지급되는 지원금의 일정 금액을 가입비로 지불할 수 있다. 계약자가 사망하면 전화·전기 해지, 채무 해결, 병원비 지불, 살림살이 처분, 사망신고 등을 예탁금으로 해결해 준다. 비용은 첫 계약 때 1만 6500엔이며, 매년 1만 1000엔씩 내면 된다.

  2023년 기준, 일본에서 생활이 불안정한 독거 고령자는 약 743만 명에 달한다. 후생노동성은 여기에 무연고자까지 포함하면 1,000만 명을 넘을 것으로 추정하고 있다. 대부분의 고령자는 익숙한 동네에서 생을 마감하길 원하지만, 가족이 없는 경우 사후처리를 누구에게 맡겨야 할지 고민이 깊어진다.

  '엔딩 서포트' 제도는 독거 고령자가 생전에 해야 할 고민뿐만 아니라 마지막 순간에 대한 부담까지 덜어주는 역할을 한다. 이 제도를 선택하는 사람들은 주로 주변에 폐를 끼치고 싶지 않다는 이유로 가입한다. 일본 사회는 가족 이외의 사람에게 부담을 주는 것을 꺼리는 문화적 특성이 강해, 독거 고령자의 증가를 심각한 사회문제로 인식하고 있다.

나이가 들면 누구나 자신이 정든 곳에서 평온한 삶의 마무리를 원한다. '엔딩 서포트'는 그러한 고령자의 마지막 존엄을 지켜주는 중요한 제도이다.

부담 없는 유언서, 엔딩 노트

일본 다큐멘터리 영화 〈엔딩 노트〉는 2011년에 개봉됐다. 조감독 출신인 스나다 마미가 자신의 아버지를 직접 촬영한 영화이다. 다큐멘터리 영화로는 이례적으로 20만 명이 관람했고, 일본 사회에 '엔딩 노트 쓰기' 열풍을 일으켰다.

〈엔딩 노트〉는 종활의 교육 내용을 일상에서 어떻게 실천할 것인가를 잘 보여준다. 69세의 주인공이 죽음을 맞이하는 준비를 하나의 '프로젝트'로 계획하고 '엔딩 노트' 매뉴얼을 만들어 실천한다. 그가 이 노트를 쓴 이유는 정리해 놓지 않으면 남은 가족이 곤란할 수 있다는 생각 때문이었다. 일본의 생사관이다. 영화 주인공의 '엔딩 노트' 내용을 엿보자.

1. 신부를 방문하기
2. 온 힘을 다해 손주와 놀기
3. 자민당 이외에 투표해 보기
4. 장례를 시뮬레이션해 보기
5. 마지막 가족여행 가기
6. 장례식장 답사하기

7. 손주와 한 번 더 힘껏 놀기

8. 세례받기

9. 장남에게 인계하기

10. 아내에게 (처음으로) 사랑한다고 말하기

11. 엔딩 노트(신문부고 내용, 장례는 가까운 분들만 모심, 가족에게 유산 분배 및 채권·채무 내용 등 알림)

일본에서는 종활의 하나로 엔딩 노트를 작성하는 사람들이 있다. 한국에서도 엔딩 노트 관련 다양한 제품을 판매 중이다. 엔딩 노트는 일반적으로 ① 개인사 ② 개인 정보 ③ 가족 정보 ④ 의료 정보 ⑤ 보험 정보 ⑥ 재산 정보 ⑦ 간호 관련 희망 ⑧ 장례 관련 희망 사항 ⑨ 유품 정리 ⑩ 디지털 정보 ⑪ 전하고 싶은 말 등으로 구성되어 있다. 최근에는 반려동물 정보(건강, 중성화 유무)까지 남겨 요양 시설에 들어간 뒤에도 유기되지 않도록 하고 있다.

'엔딩 노트'는 유언서와 달리 부담 없이 작성할 수 있다는 것이 장점이다. 다만 법적 효력이 없고 자신의 재산 분할 등에 대해 강제할 수는 없다.

'종활(終活)' 비즈니스

"행복하고 건강하게 생을 마감하자."는 웰다잉(Well-dying)에 대한 관심이 높아지고 장례문화도 바뀌고 있다. 일본에서는 웰다잉 대신에 종활(終活)[7]이라는 용어를

---

[7] 종활은 일본에서 대학 졸업예정자의 취직 활동을 취활(就活)이라고 하는 것에 빗대서 만들어진 말이다. 취업을 원하는 젊은이들이 검은색 정장 차림으로 기업면접을 위해 뛰어다니는 것처럼 인생의 끝이 멀지 않은 시니어들도 열심히 준비해야 한다는 뜻을 담고 있다.

사용하고 있다. 종활 관련 비즈니스가 정착되고 있다. 종활은 '인생을 마무리하는 활동'이라는 의미로, 사람이 스스로의 죽음을 의식하면서 인생의 최후를 맞기 위한 다양한 준비와 이와 관련한 삶의 총괄 활동이라는 뜻이다.

종활이 일본에서 하나의 사회현상으로 나타나기 시작한 것은 2009년 전후이다. 2009년 여름, 주간 아사히가 〈나의 장례식, 나의 묘〉라는 제목으로 장례 의식과 묘에 관한 내용을 연재하면서 종활의 구체적인 내용이 대중에게 소개되었다. 종활은 고령화사회로 접어든 일본에서 점차 중요한 사회적 경향으로 자리 잡았다. 고령자 돌봄과 고독사 문제가 사회문제로 등장하면서 그 문제가 바로 '나'의 문제가 될 수 있다는 인식이 확산됐다. 2011년 2만여 명의 목숨을 앗아간 동북대지진 참사는 죽음에 대해 깊게 생각하는 계기가 됐다. 그 이후 일본 종활 카운슬러협회와 같은 단체가 출현하였고 종활 강좌도 생겨났다.

종활의 목적으로 가장 먼저 거론되는 것은 남에게 폐를 끼치지 않으려는 마음이다. 가족에게 경제적·정신적 부담을 줄이고, 자신의 삶과 죽음을 스스로 통제함으로써 개인의 존엄성을 유지하는 데 있다. 종활은 인생의 마지막을 준비하기 위한 활동으로 다음의 4개 부문이 있다.

첫째, 여생 설계. 종말기 거주 형태를 결정하고 준비한다. 마지막을 자택에서 보낼지, 고령자 시설에서 보낼지 등을 고려하는 것이다. 간병인과 시설 선택, 생애 말기 의료(연명 치료 여부) 등에 대한 의사 결정을 포함한다.

둘째, 생전 정리. 재산과 물건을 정리해 가족의 부담을 줄인다. 유산 분배 문제를 미리 해결하는 것이다. 상속 재산 정리, 유품 정리 등이 여기에 포함된다. 유언장 작성도 중요한 활동이다. 최근 SNS 계정, 이메일, 온라인 뱅킹 등의 디지털 자산을 정리하는 디지털 유품 처리도 관심이 높아지고 있다.

셋째, 장례·장묘 준비. 원하는 방식(화장, 자연 장례 등)을 미리 선택하여 준비한다. 최근은 소규모 장례나 직장(直葬 ; 바로 화장) 등 간소화된 장례가 인기이다. 또한 묘지 친구들과 온천여행을 통해 친분을 쌓는 서비스, 우주장 서비스 등이 있다.

넷째, 엔딩 노트 작성. 종활의 모든 부분에 관여하는 종활 계획서로 매우 중요한 활동이다. 재산 및 유산 분배 계획, 병원 기록, 장례 방식, 사후 처리 등을 기록하여 가족이나 관계자들이 참고할 수 있도록 정리한다.

종활이 확산되는 배경에는 고령화·핵가족화로 가족과 떨어져 사는 고령자가 증가하면서 스스로 죽음을 준비할 필요성이 대두됐고, 죽음을 터부시하지 않고 자연스러운 삶의 일부로 받아들이는 문화적 변화가 있다. 경제적인 부담도 크다. 장례 비용 절감과 생전 준비로 가족 간 갈등을 최소화하고자 하는 이유가 있다.

일본의 종활 비즈니스

- 납골 빌딩 : '타워형 납골당'의 출현도 종활이 낳은 비즈니스 결과이다. 이 납골 빌딩은 주차 빌딩처럼 번호나 카트를 대면 타워에 비치된 납골이 참배 부스로 자동 이동되면서 참배객이 쉽게 참배할 수 있다.
- 무덤 친구, 데스 카페 : 같은 장소에서 납골묘를 마련한 고령자들끼리 교류하는 '무덤 친구(묘 친구)'도 생겨났다. 묘 친구들은 매년 벚꽃이 필 무렵 한자리에 모여 시 낭송이나 먼저 간 친구를 위한 애도식도 갖는다. 무덤 친구들이 커피나 다과를 즐기면서 죽음에 대해 이야기하는 카페를 '데스 카페'라 부른다.
- 우주 장례식 : 벌룬 공방이라는 일본 기업이 고안한 것으로, 화장한 유골을 풍선에 담아 높게 띄우는 방식이다. 2023년 상반기까지 300여 차례의 장례식을 치렀다. 헬륨가스를 채운 풍선을 40~50㎞ 상공 상층권까지 띄워 터트리는 방식이다. 고인의 유골이 하늘에서 흩어진다. 이 우주 장례식도 자신이 죽은 후 자식들에게 폐를 끼치지 않겠다는 데서 비롯되었다.

전국적으로 '종활 박람회'가 열려 기업들이 종활 관련 다양한 서비스와 제품을 홍보하고 있으며, 엔딩 노트 작성 앱, 온라인 유언장 서비스 등 IT 기술을 활용한 디지털 종활 서비스가 확대되고 있다.

일본에서의 종활은 단순히 개인의 마지막을 준비하는 것을 넘어, 사회적·문화적 변화와 맞물려 진행된다. 가족관계의 소원화, 저출산·고령화로 인한 죽음에 대한 인식의 변화, 독거 고령자의 증가는 한국의 현재 모습이자 미래이기도 하다. 한국에서는 유교 정서 때문인지 고령자들의 죽음관에 다소 부정적이다. 일본과 한국의 생사관은 역사적·문화적 배경이 다르지만, 일본에서 진행되는 종활의 흐름은 한국 사회에 영향을 미칠 것이다. 한국도 웰다잉에 대한 관심이 높아져 운동도 활발하다. 2018년 3월에 '웰다잉법'이라고 불리는 '호스피스 완화의료 및 임종에 있는 환자의 연명의료 결정에 관한 법률'이 제정되었다. 웰다잉 사업은 한국노인복지관협회와 사단법인 웰다잉 문화운동 단체 등이 활발히 추진하고 있다.

◆ 시니어 라이프

일본의 새로운 시니어 라이프 스타일

'리서치 앤 디벨롭먼트'라는 일본의 리서치 업체는 2012년부터 매월 노년층의 모습을 관찰해 왔다. 2019년 100번째를 맞이하면서 3가지 키워드를 발견하게 된 것을 〈상식이 바뀌었다. 인생 100세 시대의 '新시니어상(像)'〉이라는 이름으로 소개했다.

우리는 시니어가 아니다

'욜드(YOLD) 세대'(Young+Old)라는 말이 있다. 욜드 세대는 65세에서 75세의 '베이비부머' 세대가 해당된다. 그들은 부모 세대나 80세 이상의 고령자를 '시니어'라고 말할 때가 많다. 그 표현에는 자신은 시니어가 아니라는 뜻을 품고 있다. 욜드 세대는 화장품, 디저트 등 유행을 잘 따라가며 사고나 행동은 50대와 다르지 않다고 생각한다.

노화란 늙음을 제대로 보고 유지하는 것

시니어들이 생각하는 건강은 젊은 세대와 차이가 있다. '어제 할 수 있었던 것이 오늘은 안 된다.', '움직임이 둔해졌다.' 등 시니어는 '현재를 유지'하는 것이 '건강'이라는 생각을 한다. 지금의 상태를 유지하고 앞으로 어떻게 하면 밝고 생기 있게 생활할 수 있는가 하는 것이 주요 관심사다.

배우자와 너무 가깝지도 멀지도 않게

이웃과 만남이 별로 없고 배우자와 있는 시간은 아침과 저녁 식사뿐이라며 이웃이나 부부 관계에 있어서 어느 정도의 거리감을 가지려고 한다. 박정해 보일 수 있어도 넓고 깊은 것도 아니며 한 사람에게 깊이 관심을 두는 것도 아닌, 스트레스가 없는 인간관계를 유지하려고 한다.

참고 : 常識が変わる人生100年時代の「新・シニア像」, ㈱リサーチ・アンド・ディベロプメント, 2019.07.18.

5

액티비티 시니어로 사는 사람들

01
단카이 세대와 액티비티 시니어

총무성에 따르면 2024년 일본의 65세 이상 인구는 3,625만 명으로 고령화율은 29.3%였다. 단카이 세대(團塊世代)의 정년퇴직은 일본 사회의 다양한 분야에서 새로운 변화를 불러오고 있다. 단카이 세대가 은퇴하기 시작한 2007년 전후 '액티비티 시니어'라는 용어가 등장했다. 일본 금융권에서는 2000년대 초반부터 단카이 세대의 생애주기 전환을 두고 본격적으로 '시니어 시프트'가 생겨났다.

일본 액티브시니어협회는 액티비티 시니어를 전기 고령자(65~75세)이며 '전후에 태어나 교육을 받았으며 고도성장기 경험', '평생 현역 지향 성향이 강하고 경험 풍부' 등의 조건을 충족하는 시니어 세대로 부르고 있다. 정년퇴직 후 시간과 경제적 여유가 있으며, 고령자로 부르기에는 이른 세대이다.

액티비티 시니어는 평생 현역을 지향하며, 활기차고 일과 취미에도 의욕적이고 나름의 가치관과 라이브 스타일을 갖고 소비 의욕도 높아 사회의 주류로 부상하고 있다. 특히 일하는 시니어 계층을 핵심 고객층으로 설정하는 시니어 마켓이 주목받고 있다. 미즈호은행은 2025년 65세 이상 시니어 시장의 규모는 약 101조 3,000억 엔으로, 2007년 대비 161% 성장할 것으로 전망하였다. 이는 한국의 10배에 달하는 규모이다. 주요 산업군은 의료·의약 산업 35조 엔(2007년 대비 116% 증가), 간호산업 약 15조 엔(2007년 대비 116% 증가), 생활산업 약 51조 엔(2007년 대비 116% 증가)으로 예상된다.

시니어 산업의 키워드는 '식품·건강, 사회활동'이고, 주요 서비스에 대한 개념은 '섬세, 배려, 주의'로 꼽힌다. 액티비티 시니어의 소비 키워드는 여행, 취미, 건강, 커뮤니티 등이다. 단순 물건 소비보다 체험소비[8] 관련 상품이나 서비스 제공에 큰 관심이 있는 것으로 나타났다. 대표적인 체험소비는 지역교류(지인과 교제), 학습 투자(배움), 추억 만들기(여행), 건강 투자(운동) 등이 있다. 건강 유지를 위한 소비를 하고, 앞으로 하고 싶은 일을 실현하기 위한 자기계발 비용을 아끼지 않는 시니어가 늘어날 것으로 전망한다.

액티비티 시니어는 건강, 재정, 경험을 겸비하고 있다. 인생 후반기를 즐기려는 욕구가 강하고, 요구와 특성이 뚜렷하게 구분된다. 또한 자신을 시니어로 받아들이지 않는 '탈(脫)시니어'의 특성과 '늙음에 대항하기보다 늙어감을 받아들이'거나, '사람과의 관계'에 있어서는 적당하게 거리를 두려는 특성을 가지고 있다.

마케팅 컨설팅 전문기업 SP센터는 시니어 세대를 건강과 경제적 상황에 따라 크게 네 그룹으로 구분하였다.

1. 액티비티 시니어(Active Senior) : 건강에 대한 의식이 높고 취미나 일에 적극적이며, 의욕적이며 경제적 여유가 있는 활동적인 그룹

---

[8] 물건 이외의 목적에 의한 시간 소비 스타일로 소비자에게 있어서는 소비하는 시간이 자신에게 어떠한 가치가 있는지가 중요한 기준을 의미한다.

2. 디펜시브 시니어(Defensive Senior) : 건강과 시간에 여유가 있는 자유로운 노년. 부양가족이 있거나 가족을 부양해야 하는 부담을 지고 있으며 연금 이외의 수입원이 없어 경제적인 여유가 없는 그룹
3. 갭 시니어(Cap Senior) : 머지않아 돌봄이 필요. 통원할 정도는 아니지만 건강이 나빠 활동이 어려우며 연금 이외의 수입원이 없어 경제적인 여유가 없는 그룹
4. 케어 시니어(Care Senior) : 건강이 나빠 가족이나 의료전문가의 도움이 필요. 연금 이외의 수입원이 없는 그룹

일본 기업은 액티비티 시니어를 사회가 돌봐야 할 대상이 아닌 적극적인 소비자로 파악하고 이들에게 필요한 제품과 서비스를 적극적으로 개발하고 있다. 이른바 '시니어 시프트' 현상이다. 일본 정부 또한 시니어들이 은퇴 후 적극적으로 사회에 참여할 수 있도록 하는 시니어 인재 발굴·육성부터 자원봉사 알선·파견 등을 통해 종합적으로 지원하는 사업을 추진하고 있다.

한국의 베이비붐 세대는 한국 사회의 발전 과정에서 특정한 사회·경제적 변화를 공유한 1955년~1963년에 출생한 인구집단으로 일본 베이비붐 세대와는 차이가 있다. 시기에 따라 1차, 2차로 나눠 연령을 구분한다. 2013년 당시 50대였던 1954~1963년생(705만 명)을 1차 베이비붐 세대라고 하고, 2023년 당시 50대였던 1964~1973년생(954만 명)을 2차 베이비붐 세대라 한다. 베이비붐 세대는 2020년부터 노년층으로 진입하였고, 한국 사회의 고령화를 가속할 것이다.

02
나이를 떠나 즐거움이 있는 삶!
'취미인클럽(趣味人俱樂部)'

"나이를 떠나 즐거움이 있는 삶!" 이것은 일본 시니어 디지털전환(DX) 기업인 '오스탄스'가 내건 슬로건이다. 이 회사는 5060의 '액티비티 시니어'를 겨냥해 온라인 기반의 다양한 커뮤니티 · 취미 · 교육 서비스를 제공하고 있다. 시니어 커뮤니티 플랫폼은 "아침에 일어날 이유가 없다."는 시니어들의 말에서 충격을 받아서 만들게 되었다고 한다. 다음 주나 다음 달에 있을 일정을 기대하게 만들고 싶다는 마음에서 서비스를 시작했다.

오스탄스의 대표 서비스로는 시니어 전용 커뮤니티 서비스인 '취미인클럽(趣味人俱樂部)'이 있다. 이는 액티비티 시니어를 위한 취미 기반 SNS로 일기를 쓰거나 취미 동호회에서 다른 사람들과 소통할 수 있다. 여행 · 사진 · 등산 · 자전거 · 댄스 · 골프 등 다양한 관심사를 가진 사람들이 모여 3만 5천 개의 커뮤니티를 형성하고 있다. 활동하고 있는 회원은 대략 34만 명으로 추산한다.

취미인클럽에서는 사진이나 맛집 탐방, 골프 등 다양한 취미클럽 중 '오하요 클럽'이 가장 인기가 좋다. 이 클럽은 매일 아침 게시판에 "오하요(안녕하세요)."라고 인사를 적는 것이 전부인데도 3만 명이 가입해 있다. 간단한 활동을 통해 서로 존재를 확인하고 소속감과 유대감을 느끼게 하는 데 의미를 두고 있다. 그리고 규칙적인 생활 습관을 만드는 데 도움을 준다. 오스탄스는 취미인클럽 게시판 및 이용자 다이어리에 올라온 게시물과 별도의 심층 대면 인터뷰를 자료로 시니어 빅데이터를 쌓고 있다. 이를 활용해 기업·지자체와 활발히 사업도 도모하고 있다.

두 번째 인기 클럽은 음료 및 주류회사인 산토리와 공동으로 진행하는 '굿 에이징 스쿨'이다. 즐겁고 멋있게 나이 들고 싶어 하는 시니어들에게 페이스 요가, 보컬 트레이닝, 와인 강의 등 다양한 온라인 강좌를 제공한다. 월 3만 명의 이용자가 넘을 정도로 인기가 높다. 오스탄스 매출의 대부분은 이러한 기업 간 거래(B2B) 및 기업과 소비자 간 거래(B2C) 사업에서 나온다. 취미인클럽은 다양한 연령층, 익명성 보장, 온라인과 오프라인의 연계로 많은 관심을 받고 있다.

오스탄스는 2022년에 40~70대 회원 1,098명을 대상으로 '새롭게 시작하고 싶은 취미'가 무엇인지 조사했다. 조사에 참여한 50%는 70대였다. 그중 약 90%가 현재 취미가 있고, 새로운 취미를 시작하고 싶다는 사람은 약 60%였다. 취미 종류는 아웃도어·여행(41%), 음악·악기(27.4%), 스포츠·댄스(23%)의 순서로 나타났다. 응답자 중 61.5%는 악기 연주를 배우고 싶어 했고, 42%는 음악 감상을 원했다. 스포츠·댄스 분야에서는 걷기(33%)가 1위였으며 댄스(23%), 트레이닝(20%) 순으로 나타났다.

새로운 취미를 시작하고 싶은 이유로는, '즐거울 것 같아서' 28%, '친구와 즐기거나 새로운 사람과의 교류가 있을 것 같아서' 16%, '건강·노화 방지를 위해서' 14%였다. 취미를 함께 즐기고 싶은 사람은 의외로 1위가 '혼자(60%)'였다. 2위 '취미 동료(45.3%)', 3위 '친구(27.4%)'였다. 이 결과를 통해 70~80대가 되어도 취미를 즐기는 액티비티 시니어가 많다는 것을 알 수 있다. 조사된 결과 중, 취미를 즐기고 싶은 사람 1위가 '혼자'라는 사실은 어떻게 해석해야 할 것인가.

일본의 '취미인클럽' 사례는 초고령사회를 맞은 한국에 시사하는 바가 크다. 한국 사회에서도 몇 년 전부터 비슷한 유형의 플랫폼과 커뮤니티가 빠르게 형성되고 있다. 한국의 시니어들에게 새롭게 시작하고 싶은 취미와 함께 즐기고 싶은 사람을 묻는다면 어떤 결과가 나올까?

100세 시대, 노인의 사회적 고립을 방지하는 '철학 카페'

일본의 고령화로 인한 다양한 사회문제 중 남성 고령자의 사회적 고립은 심각한 문제로 떠오르고 있다. 일본에는 고령자의 사회적 고립을 방지하기 위해 지역 사회와 소통하는 방식을 알려주는 '철학 카페'라는 곳이 있다.

철학 카페는 자연재해 극복을 위한 지역 사회 차원의 실천적 노력의 일환으로 확산되었다. 1995년 1월 17일에 발생한 한신·아와지 대지진을 계기로 2011년 3월 11일에 일어난 동일본 대지진으로 후쿠시마를 비롯한 동북 피해 지역을 중심으로 각지로 퍼져 나갔다. 신종 코로나바이러스를 거쳐 전국적으로 확대되어 현재에 이르고 있다.

일본 효고현 다카라즈카시의 노인복지센터에서 철학 카페가 정기적으로 운영되고 있다. 야마 요시우키 교수(간세이가쿠인대학 재해부흥제도 연구소장)는 노인복지센터와 협력하여 운영하고 있다.

철학 카페는 나름의 운영 방식이 있다. 진행자가 참가자들에게 모임의 규칙에 대해 설명한다. 첫째, 순서대로 자신의 이름과 사는 지역 등 간단한 자기소개를 하고, 그날의 주제에 대해 이야기를 나눈다. 참가자는 모두 한 번 이상의 발언 기회를 가지는데 이는 서로의 존재를 인정하기 위함이다. 둘째, 의견이 있으면 말하고 없으면 안 해도 된다. 셋째, 상대방의 의견을 비판해도 좋지만 부정해서는 안 된다. 서로 존중을 표현하는 의미에서 공격적으로 부정하는 것은 금지하고 있다. 넷째, 한 사람의 발언이 끝날 때마다 박수를 친다. 듣는 사람은 박수를 쳐서 존중을 표하고 발언자는 박수 소리를 듣고 안심을 얻을 수 있다.

다루는 주제는 다양하다. '상식이란 무엇인가?'부터 문화·교육에 대한 개념 자체를 검토하는 주제나, 고독이란 무엇인가, 남은 인생을 어떻게 살 것인가, 건강하고 즐겁고 충실한 인생을 보내기 위해 필요한 것은 무엇인가? 등 삶의 방식과 관련된 주제나 사회문제도 다룬다.

철학 카페에 정기적으로 참가하여 여러 효과를 얻을 수 있다. 평생을 직장인으로 살아온 일본 남성들은 정년퇴직 이후 지역 사회와의 소통방식을 모르기 때문에 첫 단계에서 실패하는 경우가 많다. 그래서 참가자들과 삶의 주제에 대해 토론함으로써 노년기의 인생과 생활방식에 대한 이해를 깊게 하는 귀중한 기회가 확장된다. 철학 카페를 통해서 자연스럽게 노년기 소통의 방법을 배우게 되며, 발언이나 태도가 점차 개선됨으로써 지역 사회와의 커뮤니케이션 방식을 배울 수 있다.

생의 경험·지식으로 즐기는 인생 '시니어 대락(大樂)'

퇴직 후 어떤 인생 2막을 펼칠 것인가? 참 쉽지 않은 질문이다. 베이비붐 세대의 고민이기도 하다. 대부분 무엇인가를 하며 의미 있게 살고자 한다. 혼자서는 어렵지만 의지 있는 사람들이 모여 현역 시절의 지혜와 재능을 살려 사회공헌활동을 하는 시니어 모임이 있다. 바로 '시니어 대락(大樂)'이다. 이 단체는 현역에서 물러난 세대가 자신들의 다채로운 삶의 역량을 '사회로 환원하자. 무엇보다도 즐기는 인생을 살자.'라는 생각으로 450여 명의 시니어가 중심이 되어 2005년도에 설립됐다. 회원의 전문적 지식 및 경험을 바탕으로 지원 활동을 구체화하면서 고령자의 자조 노력을 지원하고 있다.

  사업은 다양하게 운영되고 있다. 시니어 대상 각종 행사 개최, 친목·교류, 연수·강연, 수석 강사 대상 평생학습 교육, 시니어의 건강 유지·증진을 위한 보급 개발, 시니어의 생활 및 의식에 관한 조사·연구 등이다. 이러한 사업들은 단체의 홈페이지를 살펴보면 재미있게 구성되어 있다.

  이 센터는 다양한 경력을 가진 약 400명의 강사로 구성되어 있다. 이들은 지자체나 사회복지협의회뿐만 아니라 기업·법인으로부터 평생학습 강좌나 문화·교양 및 사원 교육 등으로 강사 파견 의뢰를 받고 있다. 지금까지의 주된 강사 파견처로는 수도권의 지자체가 주최하는 평생학습센터, 고령자 대학, 소비자 세미나, 문화 스쿨 등 지역 행정 주최의 경영자 세미나, 기업 내 연수회, 지역상공회의소 등이다.

  강사진은 전문 분야별로 9개 장르로 나누어져 있다. 구체적으로 소개하면 다음과 같다.

1. 고령사회 생활 : 노후, 정년 퇴직 후의 인생, 라이프 플랜, 연금, 복지, 자원봉사, 법률, 세금 등
2. 마음과 몸 : 신체·정신 건강, 의학, 의료, 약, 영양, 미용, 안전 위생 관리 등
3. 삶의 방식과 우리의 삶 : 감동 체험담, 보람, 인생관, 인생사 등
4. 교육·가정·의식주·자격 : 육아, 학교 교육, 가사, 사회문제, 의식주, 자격 등

5. 취미·예술·문화·평생학습 : 회화·사진, 서예·펜글씨, 꽃꽂이, 원예, 역사·고서, 도예, 디자인, 공예, 문학, 어학, 교양, 스피치 등

6. 여행·스포츠 : 국내외 여행, 온천, 산책, 장기간 등산, 야외 스포츠, 무술, 자동차, 오토바이, 자전거, 놀이, 게임 등

7. 연예 및 사회 : 연예, 퍼포먼스, 만담, 음악, 음악, 악기, 댄스, 연극, 영화, TV 방송, 진행, 점, 유머 등

8. 비즈니스·연수 : 경영관리, 광고, 영업, 마케팅, 인재 육성, 인간관계, 비즈니스 매너, 커뮤니케이션, IT, 컴퓨터 등

9. 기타 : 기술과학, 자연과학, 사회과학, 심리학, 경제, 산업, 금융·언론, 통신, 정보, 교통, 물류, 국제문제, 자연·환경문제 등

강사를 소개하는 내용도 강사의 주요 강연 제목과 주요 직업, 소속 단체, 주소, 나이 등이 재미있고 구체적이다. 강연 제목을 예로 들면, '이상한 불량 아저씨의 유럽 철도 여행', '나의 영어 격투사', '좋아하는 색으로 알 수 있는 당신의 행복지수', '실크로드를 무대로 라이프워크에 임한다' 등이다.

강사 중에는 소설가, 의사, 도서관 사서, 화가, 회사원, 승무원, 보험설계사, 여행사 직원 등 다채로운 인물들이 많아 다양한 곳에서 강의 요청이 들어온다. 이들의 인기에는 저렴한 강사료가 한몫한다. 프로 수준의 강의이지만 아마추어 수준의 강사료를 받는다.

시니어 대락 강사 목록(예시)

성명	주요 강연 제목	주요 직업	소속 단체	나이
○○○	• 노화는 미신이었다 • 부업 작가가 돈을 버는 방법	소설가, 작사가	일본작가협회	76
○○○	• 웃음과 건강 • 웃음으로 인지증을 예방하자	의사	일본웃음학회	80
○○○	• 이상한 불량 아저씨의 유럽철도 여행 • 이상한 아저씨의 방랑 여행	외식그룹 총괄부장	주식회사 대표	75

시니어 대락은 멤버들의 교류가 있다. 산속 걷기를 잘하는 사람들의 모임, 유머 스피치 모임, 만담, 마술, 음악 등 엔터테인먼트에 뛰어난 프로로 구성된 시니어 연예단 등 강사가 주된 강의 역량 이외에 재능 및 욕구들을 또 다른 소통 모임으로 교류하는 활동을 조직한다. 이 모임은 매년 공연도 하고, 복지 시설이나 다양한 지역 행사에서 공연을 제공한다.

2024년 여름, 일본에 방문하였을 때 유우지적 등 여러 시니어 살롱들이 경영상의 이유로 문을 닫거나 어려움을 겪고 있었다. 하지만 일본의 시니어 살롱은 초고령사회에 진입한 한국에 접목할 수 있는 프로그램이라 생각한다. 한국 사회도 베이비붐 세대가 고령자 세대로 편입된 시금, 다양한 경험과 지식을 보유하고 있는 시니어 인적 자원 활용은 중요한 사안이다.

03
일본 시니어 살롱의 인생 2막 프로젝트

한국의 경로당을 벤치마킹한 일본 '시니어 살롱'

　한국에 경로당이 있다면, 일본에는 살롱[9]이 있다. 도쿄 세타가야 지역 주택가를 중심으로 곳곳에 다양한 살롱이 운영되고 있다. 그런데 이들 살롱의 특징은 대부분 고령자들이 참여하는 '시니어 살롱'이라는 점이다.

　일본의 시니어 살롱은 지역의 고령자들이 부담 없이 방문해 교류하고 여가 프로그램을 즐길 수 있는 곳이라는 점에서 한국의 경로당과 유사해 보인다. 그러나 시간이 지나면서 고령자 외에 다양한 나이와 계층을 살롱 참여 회원으로 받아들이며 차별화가 시작됐다.

　일본 시니어 살롱은 한국의 경로당을 벤치마킹해서 만들어졌다고 한다. 일본이 2000년 초고령사회에 진입하면서 고령사회에 대비한 고령자 문화를 연구해 오던 중

---

[9] 살롱(Salon)은 17~18세기 프랑스 귀족들의 사교모임에서 유래한다. 앙리 4세가 궁정에서 개최한 것을 시초로 점차 귀족들의 저택으로 옮겨갔고, 지식인들이 교류하던 공간으로 발전하였다. 17세기 초 여성의 지위가 향상되고 개성을 중시하던 르네상스가 이탈리아의 영향을 받아 살롱 문화가 활짝 피었다고 한다.

집중한 곳이 바로 한국의 경로당 문화였다. 일본은 정부와 지자체뿐, 고령사회 전공 교수들이 한국의 경로당 문화를 벤치마킹했다. 이후 지자체들은 지역 내 살롱 공간을 일반 시민 및 고령자들에게 대여해 주는 등 살롱 문화를 적극 권장하고 있다.

주택가 곳곳에 살롱이 생기면서 2005년 3만 9,496개에서 2019년 8만 678개로 2배 이상 늘어났다. 일본 정부와 지자체가 이러한 살롱 문화를 확산한 이유는 1인 고령자 인구의 증가로 병치레나 고독사가 사회적 문제로 부상되었기 때문이다. 일본에서 살롱의 개념은 '사적 모임 공간이나 소규모 동네 모임을 의미'하므로 지역 주민들의 문화공간으로 살롱 문화가 꽃피우고 있다. 세타가야 등 도시는 살롱의 수가 많은 반면 규모가 작고, 지역 단위에서는 규모가 큰 살롱이 많다.

살롱은 5~10여 채가 모여 만들어지는 만큼 그 형태도 다양하다. 지자체에서 비어 있는 공간을 임시로 대여해 주기도 하지만, 야간에만 영업하는 식당에서 주간에는 살롱을 하기도 한다. 각자 집에 모여 식사를 하는 주택형 살롱도 있다. 도쿄 미나토구에 있는 48층 고층 타워 맨션인 '시바우라 아일랜드 케이프 타워'에도 살롱이 있다. 이 살롱은 10년 동안 668회의 모임이 열렸다.

일본의 시니어 살롱은 서로의 집을 이용하거나 지자체에서 마련해 주는 빈 공간, 아파트나 맨션 등에서 운영되고 있다. 일본의 살롱은 동네 고령자들의 사랑방 역할을 하지만 한국의 경로당처럼 상시 열려 있는 개념은 아니다. 일주일에 한두 차례 정기적으로 열리는 식이다. 살롱은 살롱을 만들고자 했던 지자체의 처음 목적대로 고령자들이 참여하는 비율이 높은 편이다.

살롱 중에는 고령자들이 모여 바둑이나 장기 취미 살롱도 있고, 노래도 부르고 게임도 하는 놀이 살롱도 있다. 최근의 살롱은 시니어에서 지역 주부들로 확산되어 동네 엄마들이 모여서 정보공유를 하거나 공동구매를 하는 공간으로 번지고 있다. 살롱은 자치적인 모임이지만 엄격한 규칙도 있어서 관리가 잘되고 있다.

살롱 운영에 소요되는 경비 충당 방식도 다양하다. 동네에 정기적으로 살롱이 만들어지면 지자체에서 교통비나 다과 비용 정도를 지원한다. 혹은 생활이나 취미를 함께하는 회원제 살롱에 기업이 사회공헌 차원에서 지원금을 기부하는 방식도 있다.

정부나 지자체, 기업 등이 살롱을 활성화하려는 이유는 초고령사회에 대비하는 고령자 건강을 챙기려는 데 목적이 있다. 살롱을 통해서 이용자들끼리 서로 돕고 누가 아프면 같이 병원에 가고 입·퇴원을 도와준다. 누군가의 도움이 필요하면 같이 가서 일손을 거드는 상부상조의 기능도 한다. 시니어 살롱은 고령사회를 건강하게 움직이는 활력소가 되고 있으며 고령자 고독사 방지를 위한 대안으로도 평가받고 있다.

나이 들어 집에만 머물고 타인과 어울리지 않으면 사회적·인간적 자극이 줄면서 인지증 발생률이 높아진다. 시니어 살롱에 나오면, 나들이 채비를 챙기고 친구도 만나고 세상 돌아가는 것에 대해 관심을 갖게 된다는 장점이 있다. 살롱을 함께 하면서 나를 도와줄 사람이 있다는 유대감을 가져 심리적 안정감을 높일 수 있다. 또한 시니어 살롱은 고령자들이 주기적으로 모여 서로의 안부를 확인하고 신체활동을 늘려줌으로써 고령자들의 신체적·정신적 건강에도 도움을 주고 있다. 살롱에서 사람들과 대화하고 참여함으로써 노년기 사회 참여로 이어진다.

공유오피스 '앙트러 살롱'

　세컨드 라이프라는 회사는 공유 오피스 '앙트러 살롱'을 이용하여 중·장년층의 창업을 지원한다. 2010년 도쿄 긴자 1호점을 시작으로 시부야·신주쿠·요코하마 등 일본 주요 지역에서 시니어 창업을 위한 공유 오피스 '앙트러 살롱'을 운영하고 있다. 이 오피스에 입주한 구성원은 머리가 희끗희끗한 50대 이상의 사람들이다. 제2의 인생을 창업으로 도전하려는 중·장년층을 위한 비즈니스 아지트인 셈이다. 가입회원은 1만여 명에 이른다고 한다.

　현재 앙트러 살롱은 14호점이 운영될 정도로 인기가 높다. 그만큼 창업을 희망하는 중·장년층들이 늘고 있다는 증거라 볼 수 있다.

　앙트러 살롱은 기업가 정신을 뜻하는 앙트러 프러십과 살롱을 합성한 신조어이다. 즉, 기업을 하는 사람들의 사교모임을 뜻한다. 앙트러 살롱의 가장 큰 장점은 네트워킹이다. 매달 정기적으로 열리는 교류회를 통해 네트워킹을 하고 있다. 앙트러 살롱에서는 회사 설립, 영업 마케팅 노하우 등 시니어 창업 관련 전문 교육과 창업 선배들의 컨설팅도 받을 수 있다. 즉 시니어 창업과 관련한 전반적이면서 맞춤형 서비스가 제공된다.

　세컨드 라이프는 단카이 세대의 정년퇴직이 시작되던 해인 2008년에 시니어의 창업을 지원하기 위해 설립됐다. 현재, 다수의 창업 관련 대회 수상 및 자금 운영 관련 위탁 사업수행 성과를 창출하고 있으며, 외부 정부 부처 및 대학 등 관련 기관에 창업지원 전문가로 등록되어 지원 활동을 활발히 하고 있다.

시니어 소호 보급 살롱 '미타카'

도쿄도 미타카시에 '시니어 소호(SOHO) 보급 살롱·미타카'가 있다. SOHO는 'Small Office Home Office'의 약자로 지역 사회에서 정보화 기기를 이용하여 비즈니스를 하는 개인사업자나 소규모 기업을 말한다. 일본에서는 지방자치단체와 협력 비즈니스를 창출하여 함께 성공할 수 있는 이런 사업모델을 장려하고 있다.

시니어 소호 보급 살롱·미타카는 '시니어가 시니어를 지원'하는 지역 활동의 선구적인 조직으로 1999년에 창립되어 일본 전역에서 주목받는 사업형 민간 비영리단체(NPO)이다.

회원 활동으로는 '시니어에 의한 시니어를 위한' PC 테블릿, 휴대용 강좌 외 교양 평생학습, 초등학생이나 어른을 대상으로 한 프로그래밍 교실과 교원용 프로그래밍 교육을 하고 있다. 최근에는 초등학생 대상 프로그래밍 교육, 고령자 대상 뇌 트레이닝 등에도 노력을 기울이고 있다.

정보기술 강습회는 '시니어 PC 어드바이저 인증 연수'를 실시하여, 강사로서 활동할 수 있는 자격을 부여하는 특징이 있다. A급 인증 자격자는 각종 IT 강좌의 보조 강사 및 방문 서포트의 업무를 수행할 수 있고, S급 인증 자격자는 강좌 주임 강사로 활동한다.

입회 자격은 이메일을 사용할 수 있는 사람, 앞으로 지역에서 비즈니스를 할 예정이 있거나 이미 활동하고 있는 사람이다. 연회비는 정회원 5,000엔, 중도입회는 10~12월 입회 시 2,500엔, 1~3월 입회 시 1,000엔이다. 회원은 회원용 강좌를 들을 수 있고, 교류회에 안내 발송, 모임사업에 참여하거나 프로젝트 관리자로 일할 수 있다. 모임에 워킹그룹을 만들고 활동할 수 있으며, 강좌도 스스로 개최하거나 PC룸을 이용할 수 있다. 기업의 조언을 받을 수 있는 혜택이 주어진다.

민간비영리단체인 시니어 SOHO 보급 살롱·미타카는 한 지역의 대학 동창생 모임이 함께 학습하는 조그마한 모임에서 시작하여, 지역 사회 봉사를 위한 모임으로, 나아가 적정한 수익구조로 운영되는 NPO 법인이 되기까지 완성된 프로세스의 흐름을 가지고 있다. 우리나라도 베이비붐 세대가 고령층으로 유입된 현재 상황에서 자발적 모임을 만들거나 소규모 사업을 추진할 때 참고할 좋은 사례이다.

인생 후반기 여유 있는 삶 '유우지적(悠友知摘)'

베이비붐 세대를 중심으로 능동적인 노년 생활을 추구하는 액티비티 시니어가 늘어나면서 적극적인 여가생활을 하려는 욕구가 더 커지고 있다. 이를 겨냥해서 새롭게 등장한 볼거리, 먹을거리, 함께 할 거리 등을 한 번에 해결하는 시니어 복합공간이 주목받고 있다. 대표적으로 일본의 '유우지적(悠友知摘)'이 있다.

이곳은 미국의 모어 댄 카페(More Than a Cafe ; 시니어들이 거주 지역 인근에서 이용할 수 있는 시니어복합문화공간)를 벤치마킹한 곳이다. 이곳의 등장 배경은 평생을 가족과 사회, 국가를 위해 열심히 살아왔으므로 인생 후반은 여유 있게, 유유자적한 삶을 보내고 싶다는 시니어의 희망 사항과 연결된다.

유우지적은 은퇴 후 자신을 계발하고 재도약하기 위해 '친구·취미·일'을 새롭게 만나자는 콘셉트의 세컨드 라이프 살롱이다. 50세 이상 시니어만 이용 가능하며, 연간 회원제로 운영된다.

유우지적의 최고 강점은 학습이다. 새로운 여행방식을 익히고, 요리와 컴퓨터를 배우고, 여유가 없었던 시니어들을 위해 타인을 의식하지 않고 비슷한 눈높이를 가진 사람들이 모여 함께 공부할 수 있다. 또한 인터넷, 공예, 이벤트, 건강 강좌 등 다양한 프로그램이 있는 시니어 찻집이기도 하다. 휴식과 배움으로 자기를 계발하여 미래를 준비하거나 안락한 분위기에서 음료를 마시며 여유로운 시간을 보낼 수 있다.

시니어 인재 비즈니스가 인기이다. 건강, 취미, 자산 운영, 사회생활 등 여러 분야에서 새로운 것을 배워 자기를 발견하고 미래를 만들어 가는 기회를 제공해 준다. 손주와 함께 컴퓨터, 핸드폰 등으로 디지털 세상을 만나며 따뜻한 열린 소통을 하는 모습도 볼 수 있다. 시니어들은 직장에서 축적한 지식과 경험을 사회에 환원하거나 자원봉사자로 참여하기도 한다.

시니어 스테이션이 제공하는 시니어복합문화공간인 '세컨드 라이프 살롱'이 있다. 유우지적과 유사한 운영 형태이며 시니어들에게 체험을 통한 교육을 진행한다. 교육 및 정보 세미나를 통해 제2의 인생을 준비하는 공간이기도 하다. 남자를 위한 요리 교실, 엽차 교실, pc 교실 등의 프로그램을 갖추었으며, 여행, 박물관 투어를 다니기도 한다. 한국에서도 수도권을 중심으로 비슷한 움직임이 나타나고 있다.

04
고령자들의 아지트, 삶을 디자인하다

"어서 들어오세요" 동네 식당 '후랏토 스테이션'

후랏토 스테이션 내부 모습. 실내외 장식은 주민들의 손으로 갖추어졌다.

 2008년 요코하마시 토츠카구에 위치한 '후랏토 스테이션'을 견학하였다. 고령자를 위한 식당 사례로 알려져 외국에서도 견학하러 오는 경우가 있다. 이 식당이 위치한 드림 하이츠 지역은 대규모 분양 집합 주택단지로 1972년에 2,300세대가 입주하였다. 입주 당시는 젊은 세대가 많았지만 급속한 고령화로 2005년에는 고령화율이

23.8%에 이르렀으며, 2015년에 40%에 육박할 정도로 초고령화 지역이 됐다. 아이들의 건강한 육아를 위해 모였던 젊은 주부들 모두 고령자가 됐다. 그리고 고령자 부양의 문제가 자신들의 이야기가 되었다.

이곳 주민들은 '마지막까지 건강하게 사는 방법'을 고민하였고, 건강 활동이 필요하다는 결론이 나왔다. 한 주민은 고령자 문제를 누군가 책임져 줄 거라고 기다리는 것이 아니라 각자가 주체가 되어 서로를 돌보자고 제안하였다. 2005년 동네 할머니 10여 명이 단지의 빈 공간을 활용하여 '후랏토 스테이션'을 시작하였고 2008년 4월, 민간 비영리법인(NPO)이 되었다.

후랏토(ふらっと)는 '예고 없이 오가는 모양, 불쑥'을 뜻하는 의태어로, 누구든 쉽게, 불쑥 들어오라는 의미이다. 즉, '사람들이 쉽게 오가는 교류의 장'을 뜻한다. 이용자와 운영자 간에 격이 없고, 누구나 들어올 수 있도록 문턱도 만들지 않았다. 무장애, 베리어 프리(Barrier-free)라고 할 수 있다.

고령의 운영진은 40~50대 자원봉사자들의 도움을 받아 반찬과 샐러드, 된장국 등을 만들어 저렴하게 판매하고 있다. 거동이 불편해 굶거나 외로움으로 우울증에 걸리지 않게 하기 위해서였다. 매월 1,200명 정도의 주민들이 이용하고 있다. 판매 수익금은 참여자들의 활동비와 재료비, 운영비로 사용하고 있다.

후랏토 스테이션은 동네 커뮤니티 공간이자 교류살롱이다. 지역 정보, 문화교류, 생산과 소비, 봉사와 후원이 동시에 이루어지고 있었다. 식당 겸 사랑방 역할뿐 아니라 각종 복지서비스에 대한 정보가 모이는 '연락사무소' 역할도 하고 있다. 성공 사례로 입소문을 타면서 중국, 대만, 한국, 도미니카공화국 등의 국가에서 견학하러 오는 경우가 있다.

후랏토 스테이션은 세 가지 운영 원칙이 있다. 첫째, 주민들이 필요로 하는 것은 스스로 만든다. 육아나 노인 돌봄 문제 등 상황에 따라 발생하는 지역 문제는 주민 스스로 해결하려고 한다. 둘째, 지역 문제를 자원봉사 개념을 넘어 비즈니스로 해결한다. 지역 주민들이 직접 만든 물건, 자신이 사용하지 않는 물건들도 판매하고, 지역에서 생산된 농산물을 이용해 간단한 가정식을 직접 만들어 판매하고 있다. 운영에 참여하는 주민들에게는 약간의 보수를 지급하여 비즈니스 개념을 통해 수익을 창출하고 그 수익금을 지역 문제를 해결하는 데 사용하고 있다. 셋째, 돈이 동네 안에서 돌 수 있도록 한다. 선순환 지역경제 개념이다. 동네에서 생산된 농산물을 구입하여 음식을 만들어 팔고, 그 수익금으로 지역농산물을 재구입하여 운영자들이 받은 보수를 동네 안에서 소비한다. 지역 주민들이 직접 재배한 농산물들을 무상으로 제공해 주는 경우가 많아 재료비 절감과 공동체 의식을 지역 안에서 키워가고 있었다.

특히 이 지역은 독거 고령자들이 많다. 후랏토 스테이션이 만들어지면서 집에만 있던 고령자들이 자연스럽게 이 공간을 이용하는 비율이 높아졌고, 지역 내 장애인들도 식사하러 올 수 있는 자유로운 이용이 가능한 쉼터로 변해가고 있다. 비즈니스 개념을 적용하지만 수익 목적보다는 지역 쉼터와 지역공동체 공간으로서 비즈니스를 활용하고 있었다.

후랏토 스테이션은 만남의 장뿐만 아니라 지역 인재 발굴 및 양성, 자원봉사 은행을 설치·운영 등 지역의 고령자가 마을의 중심에서 활발한 활동을 전개할 수 있도록 하여 활동적 고령화의 모습을 보여주는 '커뮤니티 비즈니스'의 사례였다.

한국도 경로당, 동네 단위의 공실 공간, 아파트 내 공간 등을 활용하여 주민이 동네(마을)의 취약계층을 돌보는 헬프 스테이션(Help-station) 기능을 하는 지역공동체 공간으로 거듭날 수 있다. 또한 운영에 있어서도 후랏토 스테이션이 가지고 있는 운영 원칙을 정하는 것이 매우 중요하다.

여성 7명이 모여 사는 '시니어 공동체'

일본 효고현에는 7명의 여성이 모여 살고 있는 독특한 고령자 주거모델이 있다. 이들은 학창 시절 친구였다가 은퇴를 전후해서 정기적인 식사 모임을 하면서 가까워졌고 결국에는 인근에 모여 함께 살고 있다.

그렇다고 하여 한집에 사는 것은 아니다. 도보로 방문할 수 있는 인접 거리에서 살고 있다. 2008년부터 시작된 이들의 생활은 부모 간병 문제로 이주한 2명을 제외하고는 모두 지금까지 이어오고 있다.

이들은 '자립과 공생'이라는 중요한 코드를 공유하고 있다. '서로 지켜 주지만 간병은 하지 않는다.' 등의 규칙이 있다. 월 1회 이벤트와 생일 파티를 열고, 주 1회 만나는 시간을 가진다. 이메일로 소통하며 함께 여행도 하지만 의무 사항은 아니다. 적당한 거리를 두고 따로 함께 살아가는 것이 이들의 스타일이다. 정기적으로 주제를 정해 전문 강사를 섭외하고 지역 주민을 초청해 '토요살롱'이라는 행사를 한다. 이 이벤트는 지역 명물이 되었다.

가까이에서 서로 안부를 묻고 문제가 생기면 달려올 수 있는, 사후처리를 맡길 수 있는 사람이 있다면 든든할 것이다. 일본에는 이러한 자발적 고령자 공동체가 증가하고 있다. 이는 정부나 지자체가 만든 모델이 아니라 고령자 스스로 만든 자구책이자 대안 주거모델이다. 일본 사람들은 나이가 들면 자녀의 보살핌을 받기보다는 자신의 삶을 적극적으로 찾아가려는 의지가 강하다. 따로 또 같이 사는 방식이다.

◆ 시니어 라이프

슬기로운 액티비티 시니어 생활

매년 평균 수명과 연령이 높아지고 있다. 이에 따라 고령이 되어도 건강하게 지낼 수 있는 방법이 떠오르고 있다. 일본의 액티비티시니어라이프협회(アクティブシニアライフ協会)에서는 액티비티 시니어(만 65~75세)가 건강하고 활력 있는 생활을 할 수 있는 다섯 가지 방법을 소개한다.

1. 신체 건강

건강한 신체란 지인이나 가족과 쇼핑을 가거나, 여행을 떠나는 등 적극적으로 외출할 수 있는 상태를 유지하는 것을 의미한다. 시간이 흘러도 돌봄이 필요 없을 정도로 자립하여 자유롭게 생활하고 싶다면 액티비티 시니어의 시기를 가볍게 생각해서는 안 된다. 건강을 유지하기 위한 노력을 적극적으로 해야 한다.

2. 마음의 건강

일과 육아로 바빴던 시기를 지나고 자유 시간을 갖게 되었다. 손에 넣은 자유 시간을 헛되게 사용하지 않기 위해서는 긍정적이고 밝은 기분으로 생활하는 것이 필요하다. 즐겁게 생활할 수 있도록 여러 취미를 가져 보는 것이 좋다. 그렇게 얻은 경험이나 지식을 주변 사람들과 공유하는 습관을 만들면 더욱 도움이 될 것이다. 호기심을 갖고 적극적으로 행동하는 것은 활동량에도 영향을 주기에 신체 건강과도 연결된다.

3. 자기 관리 · 자립

　나이가 들면 자주 넘어지는 등 신체가 굳어서 잘 따라주지 않는 경우가 있다. 몸의 상태를 잘 이해하고 관리해야 한다. 나이가 들어감에 따라 몸이 회복하는 데 시간이 걸리고 그사이 면역력이 떨어질 수 있다. 면역력은 20~30대 이후 저하된다. 컨디션이 안 좋은 날이 이어지거나 이전에는 느끼지 못했던 피로가 늘어난다. 스스로를 과신하지 말고 유의해야 한다. 감기와 같이 가벼운 증상도 자신의 현재 상태를 잘 파악하여 주의를 기울이는 것이 좋다.

4. 센스

　"계속 멋있는 어른으로 있고 싶다." 센스는 나이가 들어감에 따라 인간에게 있어 중요한 바람 중 하나이다. 몸과 마음의 건강, 거기에 취미와 스타일에 대한 센스를 더해 보자. 등이 잘 펴지고 똑바로 걷고 기품이 있는 삶. 지금까지 의식하지 않았더라면 환기할 겸 의식해 보는 것을 권한다. 센스는 하루 만에 익힐 수 없기 때문에 천천히 발전해 보는 것이 좋다.

5. 풍부한 경험의 공유

　풍부한 경험에서 오는 지혜나 지식을 공유해 보자. 손주들이 어느 정도 연령이 있다면 집안의 대소사는 손주들이 결정할 수도 있다. 하지만 액티비티 시니어의 풍부한 경험의 식견에 설득력이 있을 수 있다. 회사를 움직이는 건 후배들이지만 경험의 감각 또한 중요한 부분이다. 시간이 흐르면서 기억력에 불안을 느낄 수도 있지만 집중하여 생각해 보는 것이 중요하다. 풍부한 경험을 더 적극적으로 사회와 만남에 사용해 보자.

참고 : 하다러브 홈페이지(hadalove.jp/active-senior-28527)

6

평생 현역으로
사는 사람들

01
70세 정년 시대

"노후에도 인간의 존엄을 지키는 삶을 누리기 위해서는 마지막까지 사회활동을 하는 것이 중요하다."

더 많이 더 오래 일하는 베이비붐 세대 사람들이 늘고 있다. 일본의 고령자 노동은 이미 보편화됐다. 일본 후생노동성의 2023년 고령자 고용 상황 보고에 따르면, 65세까지의 고령자 고용확보 조치를 실시한 기업 비율이 99%에 달한다. 세부적으로 정년 폐지 3.9%, 정년 연장 26.9%, 계속 고용제도 69.2%로 대부분 기업이 정년 후 재고용을 선호했다.

70세가 넘어 새로 취업한다는 것이 가능할까? 일본은 2000년 중반부터 '70세 정년 시대'라는 용어가 등장했다. 2020년에 이르러서 65세까지 고용 의무화에 더해 65세 이상 고령자가 희망하는 경우 70세까지 취업 기회를 확보할 것을 사업주가 노력해야 하는 의무로 규정하는 고령자고용안정법이 개정됐다. 또한 70세까지 고령자 고용을 뒷받침하기 위한 다양한 지원제도가 운영되고 있다. 65세 이상으로 정년을 연장하거나 계속 고용 또는 정년을 폐지한 기업에는 직원 수에 따라 일시금으로 지급한다. 고령자가 일하기 편한 근무 환경을 만들기 위한 기기나 시스템, 소프트웨어 등을 도입하는 기업도 필요한 경비의 최대 60%까지 지원받을 수 있다. 기업 지원금과는 별개로 60세 때 임금의 75% 미만을 받는 고령 근로자에게는 고용보험을 통해 임금의 최대 15%를 지원해 주기도 한다.

가전제품 기업 노지마는 2021년 정년을 폐지했고, 2022년 봄 입사 시즌 때에는 약 700명의 고령 인력을 신규 채용했다. 세계적인 지퍼 제조업체 YKK도 2021년 4월부터 직원이 희망하면 연령 제한 없이 정규직 근무가 가능하도록 조치했다. 도요타자동차는 2024년 8월부터 60세 정년퇴직 후 70세까지 계속 고용하는 제도를 시작했다. 도요타가 70세까지 계속 고용 기회를 확대하는 것은 초고령사회 일본에서 좋은 인재를 확보하기 위해서였다.

고령화가 매우 빠르게 진행하고 있는 한국에서도 정년 연장을 중심으로 장·노년층의 일자리에 대한 논의가 언론을 통해 자주 등장하고 있다. 한국의 65세 이상 평균 고용률은 34.9%로 경제협력개발기구(OECD) 회원국 가운데 최고 수준이다. 그러나 대부분이 불안정한 저임금 일자리에 몰려있고, 정년퇴직하는 노동자 규모 자체가 적다. 정년 연장과 더불어 정년까지 일할 수 있는 환경을 만드는 것부터 중요하다.

손주 육아 휴가제도

일본의 지자체와 기업이 손주 육아를 지원하기 위한 '손주 육아 휴가제도'를 시행하고 있다. 2014년 후생노동성은 근로자의 일과 가정 양립지원 지침에서 고령 직원에게 손주 출생 휴가를 줄 수 있는 '손주 육아 휴가제도'를 만들었다. 법적으로 강제되는 제도가 아니라 지자체나 기업에서 자율적으로 정하는 것이기 때문에 휴가 일수나 기간, 유·무급의 조건이 다르다.

　미야기현은 지자체 중에서 2023년 처음으로 손주 육아 휴가제도를 도입하였다. 출산 시 2일, 1세까지는 5일의 휴가를 인정하고 있다. 군마현은 2023년 2월, 가나가와현은 2024년 4월부터 각각 출산 시 3일, 1세까지는 5일의 휴가를 지원하는 제도를 마련했다. 미에현 구와나시는 2024년부터 초등학생 이하 손주 간호를 위한 5일 손주 육아 휴가제도를, 오카야마시는 손주의 성장단계에 맞춘 특별 휴가를 도입하였다. 후쿠이현과 오카야마현 등의 몇몇 지자체는 2015년부터 손주 육아 돌봄 제도를 도입한 기업에 장려금을 주기도 했다.

　기업도 손주 육아 휴가제도를 실시하고 있다. 규슈 전력은 2023년 이 제도를 도입했다. 후쿠시마 도호은행은 손주가 있는 고령자 직원을 대상으로 휴직 신청을 받았고, 최대 4개월의 휴가를 제공하고 있다. 후쿠야 건설은 필요에 따라 시간 단위로 손주 휴가를 내거나 재택근무로 전환할 수 있다. 여성 사원의 비중이 90%에 달하는 다이이치생명보험은 50~60대 직원이 늘어나자 2006년에 일본 최초로 '손주 탄생 휴가'를 신설하기도 했다. 2022년에는 1,500여 명이 넘는 직원들이 손주 휴가를 이용하기도 했다.

　일본의 손주 육아 휴가제도는 10여 년 전부터 장려된 제도이지만 이를 도입하는 지자제와 기업은 최근 늘고 있다. 공무원의 정년이 2031년까지 단계적으로 60세에서 65세로 연장되면서 손주가 있는 직원이 늘어나고 있다.

　지자체와 기업이 손주 휴가 제도를 도입하는 이유는 손주의 육아를 이유로 중·장년층이 일자리를 떠나는 사례가 종종 발생하고 있기 때문이다. 육아 지원을 해서라도 우수한 직원을 지켜야 하는 숙련 인력 부족에 대한 기업 대응 전략이다. 조부모 세대의 육아 기여가 점점 커짐에 따라 손주 육아 휴가제도는 앞으로 더 확산될 것으로 보인다.

일본은 맞벌이를 하고 있는 젊은 부모가 조부모의 도움을 받아 육아를 하는 경우가 50% 이상이라고 한다. 일본 국립사회보장 인구문제연구소의 2021년 출생 동향 기본조사에 의하면, 2015년~2018년에 태어난 첫째 아이가 3세가 될 때까지 할머니로부터 육아 지원을 받은 비율은 58%로 절반을 넘었고, 할아버지로부터 육아 도움을 받은 비율도 32%로 나타났다.

한국은 고용보험법상 육아휴직급여나 육아 근로 시간 단축 등의 돌봄 제도는 부모만 활용할 수 있다. 조부모는 손자녀를 돌보기 위해 일을 그만두거나 일과 육아를 병행해야 한다. 최근 한국도 손자녀들을 돌보는 황혼 육아가 늘어나면서, 일하는 조부모도 육아 휴직을 제한적으로 사용하는 방안을 검토하고 있다. 합계출산율이 0.72명까지 떨어진 상황에서 육아 휴직제도 유연성을 높이려는 취지에서이다. 서울시는 조부모 손자 돌봄비 지원제도도 있다. 조부모 돌봄 수당은 65세 이상의 조부모가 손자나 손녀를 돌보는 가구에 지원되는 복지 프로그램이다.

고령자를 위한 회사 '㈜고레이샤'

일본은 은퇴자나 고령자를 위한 회사가 많은 편이다. 퇴직자들의 일자리 마련을 위해 기존 회사가 관계 회사처럼 설립한 형태가 눈에 띈다. 그중 고령자 근로를 실현하고 있는 대표적인 회사로 도쿄에 있는 인력파견회사 '㈜고레이샤'(高齡社)[10]가

---

[10] 정년이 되어도 사람은 모두 건강한 동안은 언제까지나 사회에 도움이 되고자 한다. 자신도 성장하는 것으로 그 역할을 다하고 싶다는 생각을 하고 있다. 사회에서도 이러한 숙달된 즉시 전력을 요구한다. 그래서 정년을 맞이해도 "경험이 풍부하고, '기력·체력·지력'이 있는 분들에게 일을 제공하여 고객과 사회가 기뻐하는 회사를 만들자."라는 취지로 설립한 회사이다.

있다. 정년퇴직자로 직원을 구성해 영리 추구 사업모델을 성공하여 한동안 일본 언론의 집중적인 관심을 받았다.

㈜고레이샤는 지난 2000년 1월에 설립된 '고령자의, 고령자에 의한, 고령자를 위한' 회사이다. 회사명이 고령자(高齡者)의 일본어 발음과 똑같다. 현재 가스 설비의 보안·유지 보수, 일반 사무(장비 관리, 상품관리, 유지·보수), 영업(경리 총무, 영업 사무, 각종 모니터링 외) 등에 직원을 파견하고 있다. 등록 조건은 60세 이상으로 업무 경험과 자격증 보유 등이다. 일하고 싶은 업무와 시간을 등록하면 이에 맞춰 업무가 주어진다. 등록자의 희망과 적성에 맞는 근무처가 결정되면 고용계약을 체결한 후 수요처에 파견되고, 근무는 업무가 있을 때만 하는 불규칙 형태이다.

급여는 일한 만큼 지불하는 성과급이다. 시급이 원칙이며, 상여금, 퇴직금은 없다. 정년 제도, 구조조정도 없으며 중간에 그만두는 경우도 거의 없어서 83세의 최고령자가 있을 정도로 '70세 생애 현역'을 선도하는 기업으로 각광받고 있다.

㈜고레이샤는 비즈니스 구조를 짜면서 고령자의 강점을 최대한 활용했다. 경험이 많아 교육비용이 적게 들고, 즉시 적응이 가능하며, 주말에도 근무가 가능하다. 특히 풍부한 경험과 지식을 보유하고 있어 훈련을 받지 않고도 실무에 투입할 수 있다. 젊은 세대를 지도하거나 기술을 이전할 수도 있다는 것이 강점이다.

이러한 강점들이 바로 기업이 고령 근로자를 찾는 이유이다. 고령 근로자도 일자리와 보람을 동시에 찾을 수 있으니 일석이조이다. ㈜고레이샤의 무라세키 후사오 사장은 "사람은 건강하기 때문에 일하는 것이 아니라 일하기 때문에 건강해진다."라고 말한다.

일하고 싶은 고령자는 많지만 선뜻 이들을 채용하겠다는 회사는 많지 않은 것이 현실이다. 취업한다 해도 임시·일용직 등 불안정한 일자리가 대부분이다. 은퇴한 뒤에도 일을 하고 싶다면 이전과는 다른 마음가짐이 필요하다.

㈜고레이샤는 일하기 전 체크해야 할 7가지 마음가짐을 제시한다.

1. 과거의 지위로 으스대지 않는다.
2. 사심이 없는 사명감을 가진다.
3. 스스로 나서서 인사한다.
4. 몸가짐에 항상 주의한다.
5. 약속한 것은 꼭 실행한다.
6. 머리는 숙이기 위해 있는 것이다.
7. 자랑은 한 번만 한다.

생활비도 벌고 여행까지 '리조트 바이트'

"일본 도치기현 이토엔 호텔즈라는 온천여관에서는 60대 이상이 지원할 수 있고, 주방 설거지 리조트 바이트를 모집하고 있다. 보통 시간당 1,010~1,400엔이며 교통비도 별도로 지급한다. 미에현의 한 호텔은 객실 청소 업무를 맡을 시에는 실수령액 월 14만 엔을 준다."

일본에는 온천이나 호텔, 리조트, 스키장 등 관광지에 머무르면서 일도 하고 숙식비도 절약하는 아르바이트 형태의 '리조트 바이트'가 있다. '리조트 바이트'는 리조트와 아르바이트의 합성어로 정년퇴직 후 선호하는 직업 중의 하나로 알려져 있다.

일본은 교통비가 비싼 편이라 은퇴 후 국내 여행을 다니기가 쉽지 않다. 리조트 바이트는 몸만 건강하다면 관광하고 싶었던 지역에서 일을 하면서 돈도 벌고, 틈틈이 관광할 수 있다. 리조트 바이트는 객실 정비나 청소, 설거지 등 단순노동을 한다. 평균 근무 기간은 한 달 계약을 해서 계약 기간 이후 연장이 자유로워 여성들이 선호하는 경향이 있다.

리조트 바이트는 개인 지출이 적다. 숙박비와 식비, 교통비 등을 업체가 지원하는 경우가 많다. 일하는 시간은 보통 오전 9시부터 오후 3시까지여서 중장년층에게 체력적으로나 시간적으로 부담이 없다. 남는 시간에 관광을 즐길 수 있으며 저녁에는 리조트 바이트 참가자끼리 식사도 하고 정보를 교류하는 즐거움도 있다. 일본은 정규직 취업이 활발하다 보니 이러한 아르바이트에 뛰어드는 젊은 사람이 적다. 50~60대 근로자들이 책임감을 가지고 성실하고 꼼꼼하게 일하는 경우가 많아 리조트 바이트 인력으로 인정받고 있다.

리조트 바이트는 '리조바'라는 앱을 이용하거나 '시니어 리조트 바이트'라는 단어를 인터넷에 검색하여 정보를 얻을 수 있다. 직원을 구하는 업체가 많아서 가고 싶은 곳을 마음대로 고를 수 있다.

리조트 바이트는 전국에 온천이 많이 있는 일본의 특성일 수도 있지만 지방 일손이 매우 부족한 상황이다. 그 해결책으로 시니어 인재들이 주목받고 있다.

02
지역 사회와 함께 살아가는 고령자

지역 사회를 비즈니스하는
'커뮤니티 비즈니스'

　커뮤니티 비즈니스란 '지역을 거점으로 주민이 친밀한 유대관계 속에서 주체적으로 운영하는 사업'이다. 지역에서 잠자고 있던 노동력, 원자재, 노하우, 기술 등의 자원을 활동하여 자발적으로 지역 문제의 해결에 착수하고, 바로 비즈니스로 성립하며, 커뮤니티를 활성화하는 것이 목적이다.

　저자는 2002년부터 한국의 노인 일자리 전담기관인 시니어클럽에 종사했다. 그때부터 지속 가능한 노인 일자리 만들기를 위해 고민하던 중에 찾은 것이 바로 일본의 '커뮤니티 비즈니스'였다.

2008년 한국시니어클럽협회 커뮤니티 비즈니스 현장 탐방

출처 : 《지역 사회를 비즈니스하다》, 김창규, 아르케, 2010.

커뮤니티 비즈니스 개념을 직접 눈으로 확인해야겠다는 생각에 일본 현장을 몇 차례 방문했다. 방문한 것을 토대로 한국 노인 일자리 사업 현장과 지역의 사회적 경제 영역에 커뮤니티 비즈니스 사업을 연구하고 소개했다.

일본에서 커뮤니티 비즈니스(CB ; Community Business) 개념이 급속히 확산된 것은 1990년대 말이다. 이 개념은 당시 일본의 경제 구조, 사회 구조, 행정 역할의 변화 속에서 정부가 효과적으로 대응하기 위한 새로운 전략으로 출발했다고 볼 수 있다. 일본은 초고령사회에 진입함으로써 '전원참가형 사회 실현'을 위한 구체적 대안으로 커뮤니티 비즈니스와 단카이 세대를 연결하는 정책을 펼쳤다.

단카이 세대가 은퇴 후 지역 사회에서 서비스를 제공받는 것뿐 아니라 그들이 가진 다양한 경력을 지역 사회에 제공할 수 있고, 그 서비스가 지역 사회과제를 해결할 수 있기 때문이었다. 정부와 지자체는 단카이 세대의 '지역 사회 회귀전략(지역 데뷔)'을 통해 그들이 지역재생 및 활성화의 주체가 되기를 기대했다. 특히 일본의 NPO 법인 활동이나 자발적인 시민 활동 영역에서 주목받은 것이 바로 비즈니스 개념을 도입해 지역을 건강하게 만드는 '커뮤니티 비즈니스' 방식이었다.

커뮤니티 비즈니스는 지역적이고, 주민 중심적이며 삶의 질에 초점을 두고 있다. 커뮤니티 비즈니스에는 네 가지 효과가 있다. 첫째, 인간성을 회복한다. 일하는 보람, 삶의 보람 만들기, 자아실현으로 이어진다. 둘째, 사회문제 해결에 필요한 서비스가 주어진다. 셋째, 경제적 기반의 확립이다. 넷째, 문화의 계승과 창조이다.

커뮤니티 비즈니스는 참여 주민의 지혜나 노하우가 축적되고 커뮤니티의 다양성이나 문화를 만들어 낸다는 점에서 고령화가 빠르게 진행되고 있는 한국의 지역 사회문제해결 및 활성화에 많은 효과를 나타낼 것이다. 한국의 마을기업 형태이지만 운영 방식에 있어서 운영 원칙을 가지고 있다는 점이 다르다.

일본 커뮤니티 비즈니스 사업 분야

사업 분야	사업 내용
고령자	식당, 배식, 데이서비스, 거주지돌봄지원, 무료상담, 마을회관, 네트워크지원, 빈집 대책
육아	탁아, 놀이방, 무료학습, 아동식당, 방문형 병아보육, 어린이집, 육아상담, 아동발달지원, 초등학생 대상 체험활동
마을 만들기	커뮤니티 카페, 마을 만들기 지원, 디자인, 이벤트 세미나, 정보 발신, 상품개발, 빈집·빈 점포 리모델링, 게스트하우스, 특산품 인터넷 판매, 시민대학
식·농	식농교육, 농원, 농가식당, 농촌여성 정보 발신, 교류촉진, 생물연구, 식기 대여, 농업교육, 농원 대여, 경작지수익화
그 외	직업전환지원, 자립훈련, 수입·가공·판매, 쉬운 일본어로 정보 제공 서비스, 이벤트 및 강의 기획, 책자 기획 및 제작, 빈 공간 운영, 노약자 취업지원, 커뮤니티 카페 및 식당 운영

액티비티 시니어가 주도하는 '비영리단체(NPO)' 활동

일본은 NPO 활동이 활발하다. 1995년 1월 7일에 일어난 한신대지진은 그동안 정체되어 있던 일본의 자원봉사활동에 큰 변화를 가져왔다. 특히 NPO의 중요성이 사회 전면적으로 부각되었다. 1998년에 특정 비영리활동촉진법(NPO법)이 제정됐다. 시민의 자주적 활동(시민 활동, 시민 운동, 시민 사업)을 사회적으로 인지하고, 복지, 환경, 마을 만들기, 생애 학습, 청소년 문제 등의 사회문제 해결과 사회시스템 개혁의 주역으로 시민, 즉 NPO 주체가 일본 사회 무대에 등장하게 되었다.

NPO법이 제정된 뒤로 NPO 법인은 1,291개소로 확대되었으며 종류도 총 49,941개에 이른다. NPO 법인의 특징을 살펴보면, 일정한 금액의 보수를 기반으로 '지역주민이, 지역을 기반으로, 지역 사회문제 및 과제를 해결'하는 이른바 '커뮤니티 비즈니스 방식'으로 운영된다.

NPO 법인의 유형별 사례로는 돌봄·교육 등 지역 사회문제 해결형이 가장 많았고, 액티비티 시니어가 전체의 49.57%로 가장 많이 참여하고 있었다. 또한 지역 사회 문제해결을 위해 활동하고 있는 NPO의 구성원 대부분이 시니어인 경우가 많았다. 참가 동기는 생활비와 같은 외부적인 동기가 아닌 '사회적으로 무엇인가 역할을 하고 싶다.' 또는 '보람 있어서.'가 주된 참가 동기로 나타났다.

일본은 초고령사회문제에 대응하고, 21세기 사회발전의 도구로 NPO를 중심으로 한 "새로운 공공(公共)"의 구축에 주력하고 있다. NPO는 지역포괄케어시스템의 구축 및 사회 참가, 생애 학습 활동에 있어서도 새로운 주체의 등장을 지원하고 있으며, 행정의 한계를 보완해 주는 새로운 행정, 정부의 동반자이자 행정의 보완재 역할을 톡톡히 해내고 있다.

일본의 NPO 활동은 한국 사회의 NPO 활동에 대한 인식과는 달리 고령자들의 가치 실현에 부합할 뿐만 아니라 저출생·고령화로 야기되는 다양하고 복잡한 지역 과제 해결에 충분한 사회적 역할을 수행하고 있다. 한국보다 먼저 초고령사회에 진입한 일본에서 지역 주민 특히 액티비티 시니어들이 다양한 NPO 활동을 통해 지역 사회 과제를 해결하고 있음은 최근 초고령사회로 진입한 한국 사회의 지자체가 타산지석으로 삼아야 할 시급한 정책이다. 지역 사회 문제해결 주체로서 당사자 문제해결 주체로서도 시니어·베이비붐 세대가 가장 적합한 주체가 될 것이다.

03
은퇴 후의 또 다른 무대

고령자의 보람 노동을 추구하는 '실버인재센터'

　공항이나 호텔 등에서 일하는 일본 고령자들을 보면 특별히 눈에 띄고 관심이 간다. 2023년 여름, 나고야의 버스정류장에서 지역 문화유산 정보를 소개하는 고령자를 만났다. 나라에서는 문화유산 해설을 하는 고령자를 만났다. 그들은 실버인재센터 회원이라 했다. 도쿄도 고마에시 주택가에 깨끗하고 정리가 잘된 니오카다 오가와즈카 고분 공원에서도 이런 사람을 만났다. 고분 관리 공원 일을 하던 사람들도 실버인재센터에서 파견된 고령자들이었다. 그들은 또래 동료들과 같은 일을 하며 동질감과 위안을 느끼며, 돈보다 사회공헌으로 '보람 노동'을 하고 있다고 했다.

　실버인재센터에서 마련해주는 일자리는 주로 단기·임시직으로 노동자성이 강한 일반 일자리와 구분된다. 고령자에게 사회 참여 기회를 제공하기 위해 마련된 일자리로, 한국의 공공형 노인 일자리 성격과 비슷하다.

실버인재센터 소속의 공원 관리 일을 하는 고령자와 관광 안내하는 회원

실버인재센터는 국가에서 보조를 받는 일본의 대표 고령자 일자리 기관이다. 가입 대상은 60세 이상이며, 각 지역 지자체의 협력을 통한 사업수행을 하고 있다. 센터는 공공·민간·개인 등 일손이 필요한 곳의 일감을 구직자들에게 연결해 준다. 일감을 의뢰한 곳은 센터에 비용을 지불하고 센터는 회원들에게 배분금이란 형태로 지급해 준다.

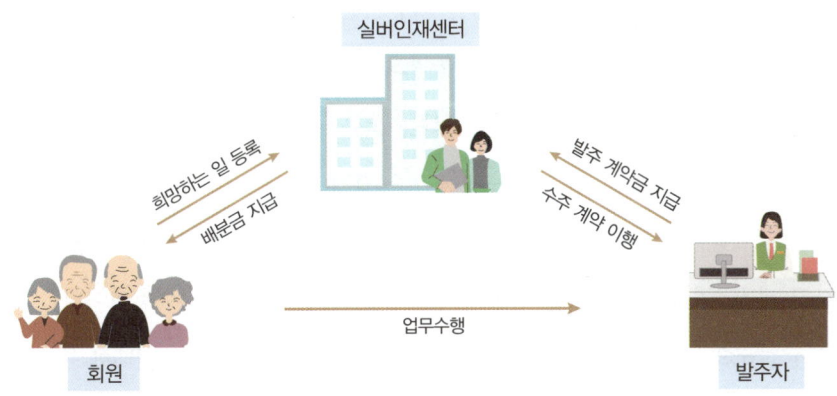

정년퇴직 후 단기 업무(10일 이내의 취업)나 가벼운 업무(1주간의 업무 시간이 대략 20시간을 넘지 않는 것)를 희망하는 고령자에게 지역의 일상과 밀접한 일을 제공

하고 있다. 지방자치 단체의 특성에 따라 지역 고령자의 특수한 욕구를 해결하고 각 지역의 특성에 맞는 고용을 창출하고 있다.

일자리는 맨션 청소, 주차장 관리, 학교 청소, 아파트 청소, 아동 통학 등 단기적이고 시간 구속이 없는 가벼운 일이 많고 외국어 통번역, 운전, 페인트칠, 의류수선 등 기술이 필요한 일도 있다. 도쿄도는 청소나 상품 정리 등 일반작업이 42.6%, 공공시설, 빌딩 관리가 30.8%를 차지했다. 최근에는 가사·육아 서비스사업이 빠르게 확대되고 있으며 전체 사업의 약 20%를 차지하고 있다.

실버인재센터는 고령자를 위하여 지역 사회와 밀접한 취업의 기회를 만들기 위한 조직으로 일본의 독창적인 고령자 일자리 사업으로 인정받고 있다. 고령자들이 독립해서 소득보조를 받는 것을 넘어서 활기차게 활동하면서 지역 사회에서 의미 있는 존재로서 살고 싶은 일본의 노년관을 반영하고 있어서 지역공동체에 기반을 둔 효과적인 전략으로 평가받고 있다.

최근에는 회원이 줄어들어 실버인재센터의 여건이 좋은 편은 아니다. 회원 감소의 가장 큰 원인은 일본의 고물가와 오랜 불황으로 인한 경기침체를 들 수 있다. 고령화로 인해 평균수명이 길어지고, 연금 고갈, 노후 파산 등의 문제가 발생함에 따라 단순 일자리만으로는 노년 생활을 유지하기 어렵기 때문이다. 생활고를 버티기 힘든 고령자들이 고용시장으로 내몰리는 상황이 되었다. 고령 구직자들 중 단순 노무직을 기피하고 사무직이나 높은 임금의 일자리를 찾는 경우가 늘어나는 추세이다.

일본과 한국의 고령자 일자리는 비슷해 보이지만 취지와 목적, 형태에 차이가 있다. 일본은 고령자들이 노동을 통해 지역 사회에 기여하고 '삶의 보람'을 느낄 수 있도록 하는 '보람 노동'을 추구한다. 반면 한국의 공공형 노인 일자리는 고령자 빈곤층의 소득 보전을 위한 복지정책에 가깝고 온전히 정부 주도형이다.

한국 정부의 노인 일자리 사업은 2004년 도입 당시 2만 5천 개로 시작되었다. 2025년에는 100만 명이 넘는 노인들이 일자리 사업에 참여하고 있다. 앞으로도 노인 빈곤율, 노후 소득 보장 체계, 베이비붐 세대의 노인층 진입 등 한국 사회의 정책 환경변화를 고려한다면 노인 일자리에 대한 수요는 확대될 것으로 예상된다.

새로운 마을 만들기의 주체 '고령자협동조합'

"일본 고령자협동조합의 회원들은 합창단원으로 활동하며 공연도 하고 패션쇼도 한다. 동아리 활동과 함께 사람 사귀기 등과 같은 문화행사 참가를 통해 충실한 노후생활 영위하고 있다. 특히 일거리 만들기에 대해 관심을 집중하고 있다. 이 조합의 활동은 아침 식사 배달, 과수원 경영, 녹색 조합(원예·정원 만들기), 영어 회화 교실, 기공 교실, 결혼 상담 등인데 주체는 모두 회원들이다. 고령자협동조합의 새로운 과제는 고령사회를 맞아 지역 주민에 기반하여 고용을 창출하며 지역 문화를 배양하는 지역공동체의 창조, 곧 새로운 마을 만들기로 집약할 수 있다."

일본은 고령화로 인한 다양한 차원의 요구에 대응하기 위해 개인과 정부, 공기관 등 다양한 영역에서 시민 참여와 연대를 강조하고 있다. 그중 하나가 '협동조합'이다. 일본은 고령자가 중심이 되어 협동조합 혹은 소규모 기업을 만들어 자립에 성공하는 사례가 많다. 고령자협동조합이 대표적이다.

고령자협동조합의 설립 목적은 매우 현실적이다. 나이가 들었다고 누워 있게 하지 않는 것, 건강한 노년을 더욱 건강하게, 고령자 혼자 외롭게 방치하지 않는 것. 다시 말해 일하면서 돈을 벌고, 인간의 존엄과 가치를 인정받는 복지를 누리고 취미 활동을 통해 삶의 보람을 느끼는 노년을 위한 것이다. 고령자협동조합은 관료적 공공에 비교하여 스스로 참가하고 결정하며 자율과 협동을 촉진하는 시민적 공공성을 가진 고령자 조직이다.

이 조합은 고령자들이 출자하여 생활에 필요한 물자나 서비스를 공동으로 구입하고 생활학교나 문화, 오락, 활동을 즐기며 이용 요금과 관리비까지 조합원들이 스스로 결정하여 관리한다. 지역 사회 주민들과 협력하여 지역 사회복지사무소를 설립하고 운영하고 있으며, 주요 활동으로는 복지 활동, 취업 및 일자리 창출, 삶의 보람·문화 활동, 생활·개호 상담 활동 등이 있다. 조합비로 운영되는 사업소득은 회원들에게 배당금으로 지급하며, 특히 조합은 조합원으로 가입된 회원들이 필요할 때마다 서로 돕는 것을 원칙으로 한다.

일본 고령자협동조합은 일본의 정책적 뒷받침과 함께 이미 젊은 시절부터 협동조합 활동을 한 사람들에 의해 운영되고 있어서 대단히 주체적이며 지역 사회와 연대해서 활동하고 있다.

한국의 고령자협동조합 실험

저자는 2000년 초반 사회복지사로 대구 시니어클럽을 기반으로 지속 가능한 노인 일자리 창출과 협동조합 및 마을기업 등의 사회적 경제 조직을 만들기 위한 실험과 실천적 노력을 해왔다. 2018년 대구 중구노인복지관에 시니어스마트협동조합과 태평시니어협동조합 2개의 고령자협동조합을 설립하여 지금까지 활발히 운영해 오고 있다.

시니어스마트협동조합은 2018년 12월에 설립됐다. 현재 50명의 조합원이 정보화 강사로 활동하고 있으며 2023년에는 대구 중구청으로부터 달성토성 커뮤니티센터를 위탁받아 운영하면서 지역공동체 활성화를 도모하고 있다. 시니어스마트협동조합은 정기 정보화 교육, 매월 조합원 만남의 날 개최, 봉사활동, 국내외 연수 등을 통해 협동조합원의 역량개발과 단합을 꾀하고 있다.

태평시니어협동조합(이사장 최창호)은 2021년 1월에 설립됐다. 바리스타 과정을 수료한 고령자들이 모여 협동조합을 만들고 '태평 살롱'을 위탁 운영하고 있다. 2022년 10월에는 마을기업에 선정되어 태평 살롱 본점을 오픈했다. 현재 지역 사회 여성 20명이 활발한 사회 참여 활동을 하고 있으며, 국내외 카페 견학을 통해 노년의 삶을 향유하고 있다. 두 개의 고령자협동조합은 당사자들이 자주·자조·자립이라는 취지를 가지고 지역 사회의 한 구성원으로서 당당히 사회적 역할을 해가고 있다.

2025년 초고령사회로 진입한 한국의 고령화는 앞으로 더욱 녹록지 않을 것이라 본다. 초고령사회의 문제는 지역 사회 공동체의 몫일 수밖에 없다. 고령화의 빠른 진전으로 지역 밀착형 세대가 증가하고 있고, 위험사회의 도래, 1인 가구의 증가, 사회적 연대감 이완으로 지역 사회복지에 대한 중요성과 관심이 더욱 커졌으며, 새로운 공동체 및 새로운 공공의 필요성이 요구된다.

이러한 사회적 변화 가운데 고령자들이 수행할 수 있는 역할에 대해 주목해야 한다. 고령자들이 참여하는 협동조합은 전문성과 네트워크의 협력체로서 고령화의 위기를 해결하고 지속 가능한 사회를 만드는 데 주체로서 역할을 하게 된다고 본다.

지역 주민이자 서비스 제공 및 수혜 당사자들이 지역 사회에서 자주적으로 자립구조를 만들어 갈 수 있음은 협동조합이 초고령사회에 대응하는 하나의 해법이 될 수 있음을 시사한다. 그런 점에서 지역공동체 활성화의 주요한 구현 수단으로서 '협동조합'이라는 결사체를 적극 추천한다.

◆ 시니어 라이프

늙는다는 착각

하버드대학교 심리학과 엘렌 랭어 교수는 '시계 거꾸로 돌리기(Counter-clockwise)'라는 흥미로운 실험을 했다. 자식들과 동거하거나 요양원 시설 입소 노인 중 70~80대 노인 8명을 1주일간 1959년대의 느낌으로 꾸며 놓은 외딴 수도원에서 20년 전으로 돌아가서 살게 했다. 공동생활을 하면서 '20년 전 당시 자기 모습으로 1주일을 보낼 것, 가족과 간병인의 도움 없이 직접 할 것'이라는 두 가지 규칙을 지켜야 했다. 또한 노인들은 실험에 참여하는 동안 대화 주제는 물론 실제 생활마저 20년 전으로 돌아간 것처럼 독립적으로 행동해야 했는데, 이 연구의 결과는 아주 뜻밖으로 나타났다. 처음엔 연구진이 제시한 여러 요구에 할 수 없다고 거부하였으나 한 주가 지나자 '옮기지 못하겠다'던 짐을 모두 스스로 옮겼고, 대화도 매우 활발하게 진행했다.

이들은 실험 전보다 활력을 되찾았을 뿐만 아니라 청력 · 기억력 · 체중 · 악력 등과 같은 수치나 관절염 같은 증상 같은 신체 나이가 50대 수준으로 향상됐다. 그 이후 참여 노인들은 자발적으로 운동도 하고 서로를 도와 집안일을 도우며 생활했다.

반면 나이를 더 늙게 만든 실험도 있었다. 2011년 미국 워싱턴 대학 연구팀이 75세 이상 60여 명을 대상으로 병원 요양실, 요양원 등 가상 현실 공간을 경험하게 했다. 실험은 단 15분으로 짧게 진행되었지만, 참여 노인들은 우울감을 경험했고 기억력, 집중력, 판단력이 떨어졌다. 사람을 젊게 만들거나 늙게 하는 유사한 실험들은 세계 각국에서 여러 차례 진행되었는데 대부분 비슷한 결과를 나타냈다. 마음의 시계를 20년 되돌린 것만으로 신체 나이를 20년 되돌린 것이다.

젊게 살려면 '늙는다는 착각'으로부터 깨어나야 한다. 사람들의 머릿속에는 노화에 대한 편견이 있다. '나이 들면 보호받아야 하고, 활동적인 운동은 자제해야 하고, 주변의 도움을 받아야 한다는 생각' 등이다. 나이 들수록 이러한 노화에 대한 편견 의식은 노년의 자립 의지를 잃어버리게 하고, 점점 의존성과 통제력 상실감이 깊어져 급기야는 스스로 할 수 있는 일도 전혀 해내지 못하는 절망적인 상태에 이르게 한다. 특히 늙었다는 말을 자주 반복하거나 어른 대접받기를 바라는 것은 노화에 부정적인 사고를 불러일으킬 뿐만 아니라 신체적 능력에 한계를 만들어 내기도 한다.

'나이 듦'이 반드시 '늙음'을 의미하지 않는다. '노화에 대한 편견'이야말로 사람을 더 늙게 만드는 주범이다. 스스로 노화에 대한 부정적인 고정 관념에 항복하지 않는 것, 노화에 대한 편견에 의문을 제기하며 끊임없이 삶의 가능성을 실천하는 노년이야말로 마지막 순간까지 삶을 온전히 영위하는 특권을 누리게 된다.

출처 : 《늙는다는 착각》, 엘렌 랭어, 유노북스, 2022.

| 기고문

시니어 트렌드 2025 : 세 가지 핵심 키워드

《시니어트렌드 2025》 저자 **최학희**

초고령사회, 어떻게 대응할 것인가?

　초고령사회는 개인에게 '건강, 현금 흐름, 시간'이라는 세 가지 과제를 던진다. 건강 수명과 기대수명이 늘어나고 정신건강에 관한 관심 또한 커지고 있다.

　부분적인 의료 접근보다는 노인 내과와 같이 전체적인 관점에서 접근해야 한다. 웰빙을 넘어 웰다잉까지, 건강에 대한 자기 결정권이 중요해진다. 근로 소득이 줄어든 자리를 평생 현역으로 일하거나 자산 구조를 재조정하여 채우기도 한다. 부(富)의 양극화는 세대 격차를 심화하지만, 늘어나는 1인 노인 가구는 새로운 부의 선순환 가능성을 제시하기도 한다. 은퇴 후 남는 시간을 채우는 것은 큰 도전이다. 움츠러들거나 고립되기보다 어울림 속에서 생활 시간표를 짜는 능력이 중요하다.

　비즈니스 현장에서는 급증하는 노인 돌봄 수요에 대응하는 것이 쉽지 않다. 주로 장기요양보험료로 운영되는 요양시스템은 건강 보험료에 일정 비율을 곱하여 납부하는데, 그 비중이 점점 커져 2024년에는 건강 보험료의 약 13%를 차지한다. 고령 친화 산업은 영세하고 마진율이 낮으며, 노인장기요양보험과 연동한 용품 산업 또한 어려움을 겪고 있다. 글로벌 경쟁 속 생존조차 쉽지 않을 수 있다.

대기업을 중심으로 요양 시설과 주거 시설 투자가 늘고 있지만, 전체 노인 인구수와 지급 여력을 고려하면 여전히 일부에 그친다. 대부분의 사람은 살던 곳에서 삶을 이어가기를 바란다. 산업 측면에서는 '실버 쓰나미'와 '대퇴직 시대'에서 보듯이 생산 가능 인력 감소에 대한 우려가 커지고 있다.

반면 글로벌 트렌드를 보면 4차 산업혁명 기술이 빠르게 발전하고 있다. 마이크로소프트, 애플, 엔비디아 등 거대 기술 기업들이 세계 시가총액 최상위 그룹을 차지하고 있다. 금융 시장에서는 급증하는 고령자와 그들의 자산을 종합적으로 관리하여 위험성을 낮추고 삶의 마무리와 유산까지 연결하려는 노력이 이어지고 있다. 길어진 노후생활의 재무적 위험성에 대응하기 위한 다양한 시도가 이루어지고 있다.

이러한 초고령사회의 거대한 변화 흐름에 대해, 세 가지 핵심 질문을 던지고 싶다. '세대 간 격차 해소와 유산, 창조와 혁신, 알찬 시간과 자기실현'이 그것이다.

세대 간 격차 해소와 유산

초고령사회의 첫 번째 화두는 '세대 간 격차 해소와 유산'이다. 부의 대물림은 사회 불안정의 씨앗이 될 수 있다. 세대 내 불평등이 다음 세대로 이어지지 않고 완화될 가능성이 있다면 세대 간 이동성이 증가할 수 있다. 하지만 현실은 한 세대의 사회·경제적 지위가 다음 세대에 고스란히 이어지는 계층 고착화 현상이 나타나고 있다.

부모의 경제력은 자녀의 성장 환경과 교육에 큰 영향을 미친다. 로버트 D. 퍼트넘은 저서 《우리 아이들》에서 빈부 격차가 아이들의 삶을 어떻게 파괴하는지 보여준다. 그는 가난한 아이와 부유한 아이가 전혀 다른 세상에서 살아간다고 했다. 성공한 사업가 부모를 둔 아이는 다양한 선택지를 갖고 자신 있게 미래를 설계하지만, 하루 벌어 하루 사는 집에서 태어난 아이는 미래를 두려워하며 살아간다. 이러한 차이는 아이의 능력이나 성격이 아닌, 부모의 교육, 소득, 사회적 계급에서 비롯된다. 빈부 격차는 주거, 생활, 교육 등 모든 영역에서 가정을 분리하고, 이는 사회 전체에 부정적인 영향을 미친다.

양극화와 세대 격차를 해소하기 위한 노력이 시급하다. 조부모 세대의 부가 다음 세대로 이어지는 선순환 구조를 만들어야 한다. 노력으로 쌓은 부를 사랑하는 사람에게 물려주는 것은 자연스러운 일이지만, 사회적 책임을 함께 나눈다면 더욱 의미가 깊을 것이다. 개인의 아름다운 마무리가 선한 유산으로 이어지기를 바란다.

'조부모 경제'는 부의 세대 간 이전을 보여주는 대표적인 예시이다. 조부모는 손자녀를 위해 경제 활동을 하고, 이는 아이들이 행복한 환경에서 자라도록 돕는다. 이러한 '내리사랑'을 넘어 유산 기부로 이어진다면 그 의미는 더욱 커질 것이다. 유산 기부는 살아 있는 동안 자신의 재산을 공익을 위해 사회에 기부하는 것으로, 아름다운 유언의 한 형태이다. 부동산, 보험금, 현금 등 다양한 형태의 재산 기부는 도움이 필요한 사람들의 자립을 지원하는 데 사용될 수 있다.

초고령사회, 창조와 혁신 그리고 시니어의 역할

초고령사회의 두 번째 화두는 '창조와 혁신'이다. 생산 가능 인구 감소는 피할 수 없는 미래이다. 우리보다 먼저 초고령사회를 경험한 일본의 사례는 우리에게 시사하는 바가 크다. 그들은 이 문제에 대한 해법을 찾기 위해 끊임없이 노력하고 있다.

한국은 아직 노동력 부족이 현실로 다가오지 않았다. 오히려 비정규직 일자리 문제와 양질의 정규직 일자리 부족이 심각한 상황이다. 하지만 인공지능과 기술 혁명은 고용시장에 거대한 변화를 불러올 것이다. 고령자들이 살아온 시대와는 달리, 현 세대는 이미 선진국 수준의 삶을 누리고 있다. 따라서 고용의 양과 질에 대한 기대 수준 또한 과거와는 다를 수밖에 없다. 초고령사회의 핵심 과제는 '핵심 인력 이탈'을 어떻게 해소하느냐에 달려 있다. 특히 MZ세대의 일과 삶의 균형 선호도와 높은 이직률을 고려할 때, 이 문제는 심각하게 고민해야 할 것이다.

시니어의 삶을 살면서 일의 소중함을 새삼 깨닫게 된다. 생활비 문제를 떠나서, 규칙적인 생활을 위해서라도 일은 필수이다. 30~40년 동안 한 분야에 헌신하며 전문성을 쌓은 시니어들은 60세가 넘어도 왕성한 활동을 이어갈 수 있다. 시니어의 전문성을 대체할 인력을 찾기 어렵다. 물론 소통의 어려움은 존재하지만, 액티비티 시니어들은 이를 극복해 나가고 있다. '나이'라는 장벽, '과거 지향적인 사고'와는 거리가 먼 시니어들이 늘어나고 있다. 이들에게는 새로운 전성기가 기다리고 있을지도 모른다.

인공지능 비서의 등장은 시니어들에게 새로운 기회를 제공한다. 과거에는 넘기 힘들었던 코딩, 콘텐츠 제작 등의 기술 장벽이 사라지고 있다. 데이터 분석 또한 인공지능 챗봇을 통해 훨씬 쉽게 처리할 수 있다. 이제 인공지능은 시니어의 경륜과 지혜가 빛을 발하도록 돕는 역할을 한다. 시니어들은 인공지능 비서를 활용하여 이전에는 상상할 수 없었던 수준의 결과물을 만들어 낼 수 있다. 2000년대 직장 생활에서 중간 관리자들이 하던 일을 인공지능이 대신할 수 있을 정도이다.

그러나 인공지능 시대가 도래할수록 인간만이 할 수 있는 일의 가치는 더욱 중요해진다. 공감, 경험, 소통 그리고 영혼을 담은 에너지는 인공지능이 따라 할 수 없는 영역이다. 사람 중심의 가치, 즉 인간 본연의 가치가 더욱 중요해지는 시대이다. 시니어의 경험과 지혜는 이러한 시대적 요구에 부응하는 중요한 자산이 될 수 있다. 돌봄 영역에서도 인공지능 로봇의 역할이 커지겠지만, 결국 인간적인 공감과 소통은 대체 불가능하다. 삶의 경험과 사회 변화를 겪어온 시니어가 이러한 영역에서 더욱 큰 역할을 하리라 기대한다.

초고령사회, 시간의 가치와 자기다움의 구현

세 번째 화두는 '시간'이다. 모든 사람에게 똑같이 주어지는 시간은 주어진 환경과 처지에 따라 그 양과 질이 다르게 느껴진다. 삶의 무게에 짓눌려 밤늦도록 일해야 하는 시니어들에게 시간은 선택이 아니라 견뎌야 할 대상이다. 하지만 대부분의 시니어는 남는 시간을 어떻게 채울지 고민한다.

후기 고령자 세대는 시간 활용에 대한 고민이 적었다. 일에 매달려 가족을 부양하고 생존을 위해, 혹은 목표 달성을 위해 빠듯하게 보냈다. 일이 사라진 노년에는 고독이 찾아오기 쉽다. 놀아본 사람이 잘 놀듯이, 놀아본 적 없는 사람들은 갑자기 주어진 시간을 어떻게 활용해야 할지 막막할 수 있다. 먼저 은퇴한 선배들의 삶을 통해 시간을 잘 활용하는 방법과 여건이 점점 더 중요해지고 있다. 마치 물병에 돌을 채울 때 큰 돌부터 채워 넣어야 하듯이, 시간도 소중한 것부터 먼저 할당해야 한다.

여기서 '소중한 것'은 가치 있는 것만을 의미하지 않는다. 건강한 식사, 숙면, 치아 관리, 운동, 가족과의 대화, 부모님 방문, 친구와의 만남, 의미 있는 모임 참여 등, 일상생활을 건강하고 행복하게 만드는 모든 활동이 소중한 것이다.

자기다움을 구현하는 데 있어 가장 중요한 것은 남과 비교하지 않는 것이다. 비교는 끝이 없다. 대기업 임원으로 은퇴한 사람이 자신보다 더 높은 지위에서 은퇴한 사람을 만나면 어떻겠는가? 기업 사주를 만나면 어떻겠는가? 고위 공직자로 은퇴한 사람이 대통령과 자신을 비교할 수 있다. 부도 마찬가지이다. 작은 마을에서는 적은 재산으로도 자랑할 수 있지만, 대도시에서는 그렇지 않다. 비교는 끝이 없다.

뻔한 이야기를 길게 늘어놓는 이유는, 현실에서 너무나 흔한 슬픈 풍경이기 때문이다. 최근 가사 노동에서 벗어나 편리한 시설을 갖춘 실버타운이 인기를 끌고 있지만 실버타운을 떠나는 사람들도 많다. 대부분 '비교' 때문이다. 과거 자랑, 돈 자랑, 자식 자랑은 끝이 없고 결국 주변 사람들을 잃게 한다.

존경받는 분들의 공통점은 '겸손'이다. 겸손은 '경청'으로 이어진다. 그들은 자신을 객관적으로 바라보고 모르는 것은 모른다고 말하며 배우려 한다. 어린 사람에게도 배우는 자세를 갖는다. 그러니 소통에 어려움이 없다. 물론 살아온 시대의 흔적은 어쩔 수 없지만, 경청하는 자세로 극복한다. 젊은 세대와 소통하기를 즐거워하며, 젊은 세대가 함께 어울려 주는 것만으로도 감사하게 생각한다. 젊은 세대의 소중한 시간을 내어준 것에 진심으로 고마워한다. 혹시 이러한 태도를 이해하기 어렵다면 아직 전성기를 누리고 있기 때문일지도 모른다.

'경청, 겸손, 어울림'을 넘어 더 매력적인 단계는 '이웃과 사회에 도움이 되기 위해 노력하는 것'이다. 이 단계에서는 후세와 더 나은 미래를 위해 자신이 무엇을 할 수 있을지 고민한다. 후배의 자리를 탐하지 않고, 옆에서 도울 방법을 찾는다. 자신이 가진 재능과 재력을 나누고, 부족하다면 시간을 할애한다. 젊은이들이 바빠서 해결하지 못하는 문제나 부족한 일손을 돕고, 기부를 통해 자신이 이룬 결실을 사회와 나눈다. 이러한 삶은 매슬로의 '자아실현'을 넘어 '자기 초월'을 향해 나아가는 것이다. 자기 초월은 자기다움을 넘어 타인과 세상에 이바지하고자 하는 욕구를 의미한다.

'세대 간 격차 해소와 유산, 창조와 혁신, 알찬 시간과 자기 초월'을 통해 '건강-현금 흐름-시간'이라는 새로운 패러다임이 만들어지고 있다. 초고령사회는 이미 우리 곁에 와 있다. 어떻게 대응할지 지혜를 모아야 한다. 이 책이 그 방향을 제시하는 작은 단서가 되기를 바란다.

| 기고문

시니어 세대의 정보격차 : 디지털 시대의 도전과 기회

영남대학교 언론정보학과 교수 **박한우**

　디지털화가 가속화되는 현대 사회에서 시니어 세대는 정보격차의 주요 계층으로 지목되고 있다. 한국지능정보사회진흥원(NIA)은 장애인, 고령층, 저소득층, 농어민을 대표적인 정보 취약계층으로 규정하고 있다. 그러나 변화된 환경 속에서 시니어 세대는 전통적인 매스미디어를 적극 활용하며, 일부는 디지털 환경에 능동적으로 적응하고 있는 것으로 나타났다. 이에 따라, 고령층을 단순히 '정보 취약층'으로 분류하는 것은 적절하지 않을 수 있다.

　시니어 세대의 정보격차는 어떤 구조적 문제에서 비롯되며, 이를 해소하기 위한 방안은 무엇일까?

시니어 세대와 전통 미디어의 관계

코로나 팬데믹은 레거시 미디어(TV, 신문 등)의 중요성을 다시금 부각했다. 한국언론진흥재단의 2020년 언론 수용자 조사에 따르면, 60대 이상 고령층은 여전히 TV 뉴스와 종이 신문을 가장 신뢰하는 정보원으로 활용하고 있으며, 코로나 관련 정보를 매스미디어를 통해 적극적으로 습득하고 있다. 이는 시니어 세대가 레거시 미디어에 대한 높은 신뢰도를 유지하면서, 디지털 미디어보다 전통적인 매체를 선호하는 경향을 보여준다.

미국 텍사스 오스틴 대학교 연구팀은 National Science Foundation RAPID의 지원을 받아 코로나에 대한 정보 리터러시(정보 이해 및 활용 능력)를 조사했다. 509명의 참가자(18~64세 259명, 65세 이상 250명)를 대상으로 진행되었으며, 연구진은 참가자들에게 코로나 관련 퀴즈를 제공하고, 정보를 습득하는 주요 경로(매스미디어, 소셜미디어, 개인적 접촉)를 조사했다.

연구 결과, 일반적으로 젊은 층이 정보를 더 많이 알고 있을 것이라 예상되었으나, 고령층이 감염 예방 및 대처 방법을 더 잘 알고 있는 것으로 나타났다. 이는 고령층이 TV 뉴스 등 대중매체를 신뢰하면서 공중 보건 캠페인에 대한 정보를 꾸준히 습득했기 때문으로 분석된다. 반면, 젊은 층은 소셜미디어를 주요 정보원으로 활용하면서 잘못된 정보에 노출될 가능성이 더 컸다.

디지털 환경에서의 정보격차

디지털 기술이 일상화되면서 시니어 세대는 정보 접근에 어려움을 겪고 있다. 비대면 사회로의 전환과 온라인 서비스 확대는 디지털 활용 능력이 부족한 고령층에게 새로운 장벽이 되고 있다. 특히 QR코드 인증, 모바일 뱅킹, 온라인 예약 시스템 등의 디지털 서비스는 시니어 세대에게 불편함을 초래하고 있으며, 이에 따른 정보 불평등이 더욱 심화되고 있다.

한국지능정보사회진흥원의 여러 보고서에 따르면, 고령층은 IT 기기와 소프트웨어 사용에 어려움을 겪으며, 이로 인해 사회적 소외감을 경험하는 경우가 많다. 이러한 문제는 개인의 문제가 아니라 사회적 지원과 제도적 개선이 필요한 구조적 문제로 볼 수 있다.

정보격차 해소를 위한 방안

정보격차를 해소하기 위해서는 고령층이 정보격차로 인해 불리한 위치에 있는 것이 아니라, 오히려 정보를 적극적으로 습득하고 활용할 수 있음을 고려한 정책적 접근이 필요하다. 이를 위해 다음과 같은 전략을 제안한다.

전략	내용
디지털 접근성 강화	• 시니어 세대를 위한 직관적인 UI/UX(이용자 인터페이스/이용자 경험)를 적용한 디지털 기기 개발 • 노안에 적합한 가독성이 높은 웹사이트 및 애플리케이션 설계 • 음성 인식, 화면 확대 기능 등 보조 기술 확대
디지털 리터러시 교육	• 지역 커뮤니티 중심의 디지털 교육 프로그램 운영 • 1:1 맞춤형 디지털 교육 확대 • 가족 및 지역 사회를 통한 시니어 디지털 학습 지원
오프라인 지원 병행	• 무인 결제 단말기, 온라인 서비스 이용 시 지원 인력 배치 • 공공기관 및 은행에서 시니어 맞춤형 오프라인 서비스 제공 • 비대면 사회에서도 시니어가 쉽게 접근할 수 있는 정보 제공 방식 도입

디지털 시대에서 시니어 세대가 정보격차를 극복하는 것은 단순한 기술 습득의 문제가 아니다. 이는 사회적 포용성과도 연결된 문제이며, 개인의 노력뿐만 아니라 정

부, 기업, 지역 사회가 협력하여 해결해야 할 과제이다.

코로나를 계기로 레거시 미디어(TV, 신문 등)의 중요성이 다시 강조된 만큼, 디지털과 전통 미디어의 균형을 유지하며 시니어 세대가 정보에서 소외되지 않도록 적극적인 지원과 정책이 필요하다. 향후 디지털 사회에서는 기술적 장벽을 낮추고, 누구나 정보에 쉽게 접근할 수 있는 환경을 조성하는 것이 가장 중요한 과제가 될 것이다. 또한, 고령층의 신체적 노화가 이동을 제한할 수는 있어도 정보 활용 능력까지 약화한 것은 아니다. 고령층은 기존 미디어를 적극 활용하며 정보 접근 문제를 극복해 나가고 있으며, 단순히 나이를 기준으로 '정보 취약계층'으로 규정하는 것이 아니라, 실제 정보 활용 방식과 능력을 고려한 정책적 접근이 필요하다.

| 기고문

한국 돌봄통합지원법의 연착륙

한·일사회보장정책포럼 대표 **변재관**

　돌봄의 시대이다. 아니, 돌봄의 시대라고들 한다. 초고령사회 등 인구 구조 및 가족 구조의 변화 등이 초래한 문제이긴 하지만, 직접적인 계기는 작년 3월 국회에서 "의료·요양 등 지역 돌봄의 통합지원에 관한 법률"(이하 '돌봄통합지원법')이 통과되고, 2026년 3월부터는 229개 전국의 모든 기초자치단체는 '의무적'으로 이 법을 시행하여야 하기 때문이다.

　현재 보건복지부 시범사업에 참여하고 있는 기초지방자치단체는 예산지원형 12개소, 예산지원 없는 기술 지원형 35개소 등 총 47개 시군구이다. 2019년 '선도 사업'으로부터 지금까지 계속 참여하고 있는 시군구는 7개소에 불과하다. 광역 지방정부 역시 본격적으로 이 사업을 추진하는 곳은 광주광역시(광주다움), 경기도(누구나 돌봄) 등 4개 지역으로 파악된다.

사업의 문제점 및 진단

2026년 3월부터 전국적으로 시행할 예정의 '돌봄통합지원법'은 광의적인 지역 사회 돌봄(Community Care)의 다양하고 포괄적인 서비스 중에서 노인(장애인) 중심의 좁은 서비스이다. 즉 모든 국민(주민)을 대상으로 하는 '전 국민 돌봄 보장' 정책이 아니라, 특정 대상을 중심으로 하는 서비스이며 그 내용 역시 보편적이고 포괄적인 서비스가 아니다.

이 법의 목적과 취지는 '사회서비스 종합지원법'이 아닌, 노인(장애인) 중심의 지금까지의 파편화되고 분절적인 서비스를 '연계-조정-통합'적으로 제공하고, 나아가 지금까지 현장에서 이루어지지 않고 있는 '보건과 복지서비스에 주거'를 더한 통합적인(패키지) 서비스를 제공하자는 것이다. 그러면 이러한 '전 세대형'이 아닌, 노인(장애인) 중심의 이 법은 내년 3월부터 모든 기초지자체가 의무적으로 시행할 준비는 되어 있는가?

무엇보다도 이 통합돌봄 사업을 해본 적이 없는 150여 곳의 시·군·구 특히 군 단위(시범사업 47개소를 포함해서 독자적으로 사업을 수행하고 있다고 알려진 시·군·구는 80여 곳으로 추정)는 지금부터 어디에 근거에서 무엇부터 준비해야 하는가? 그리고 사업의 기본 개념·흐름도·초기 거버넌스 구축 방안 등 현장의 공공·민간 실무자들에 대한 상당한 교육, 훈련은 누가·어떻게 해야 하는가? 등의 과제가 산재해 있다.

시행령, 시행규칙 등 하위법령이 정비된다고 해도, 지역 고유의 '지방조례'를 준비해야 하고, 살던 곳에서 노후를 편안하게(Aging in Place) 보내고 존엄 있게 삶을 마무리(End of Life Care)하기 위해서는 최소 시설, 병원보다는 조금이라도 나은 주거 여건과 다양한 일상생활 지원 서비스 및 응급 시의 비상 의료체계 등이 사전에 준비되지 않으면 정책적 유인 효과는 기대하기 어려울 것이다.

무엇을 준비하고, 대응할 것인가?

광역시·도는 차지하고 우선 시·군·구 및 주무 부처인 보건복지부가 올해 중에 시급히 준비·정비해야 할 서비스 정책 환경에 대해 다음과 같이 제시하고자 한다.

첫째, 보건복지부는 최대한 빨리 현재 제정법에서 시급한 사항을 개정하고, 하위법(시행령, 시행규칙)을 제정·공표하고, 나아가 최대한 빠른 시간 내에 '사업 안내(지침)'를 사전 공표 및 종사자 교육·훈련을 강화하여 이 사업에 대한 이해와 공감대를 확산시켜 내년의 시행착오를 최소화하여야 한다. 그리고 지방조례의 표준안을 제시하여 광역 및 기초자치단체가 빨리 법제적 준비를 서둘 수 있도록 그 여건을 만들어야 할 것이다.

둘째, 공공·민간 종사자에 대한 다양한 교육과 훈련 특히 현장학습 등을 통하여 이 사업에 대한 두려움과 거부감 등을 불식하는 노력을 해야 한다. 이 과정에서 특히 민간 자원, 여건이 충분하지 못한 군 지역에 대한 별도의 노력과 함께 사업 참여에 대한 동기부여(승진, 인센티브, 포상 등)가 수반되어야 한다.

셋째, 이 사업에 대한 최소한의 기본 사업비(현재의 노인 시범사업 국고지원 5.4억 원 기준, 전국 약 1,300억 원 소요)가 준비돼야 한다.

넷째, 지역(읍면동)에서 최소한의 사례관리를 하기 위해서는 전국 약 3,500개 읍면동에서 최소 약 2,000명의 간호직이 필요(서울 제외한 전국 평균 약 30% 추정)하다.

이를 통해 '돌봄통합지원법'을 통한 지역의 통합돌봄 사업을 충실화하여, 향후 모든 국민을 대상으로 하는 "전 국민 돌봄 보장"으로 가기 위한 의미 있는 중간 교두보가 확보되기를 기대한다.

참고자료

단행본
- 고려대학교 고령사회연구센터(2022), 대한민국이 열광할 시니어 트렌드, 비즈니스북스.
- 김웅철(2024), 초고령사회 일본이 사는 법, 매일경제신문사.
- 김웅철(2024), 초고령사회 일본 은퇴자가 사는 법, 부·키.
- 김창규(2010), 지역 사회를 비즈니스하다, 서울 아르케.
- 최학희(2024), 시니어트렌드 2025, 시대인.
- 소노 아야코(2021), 노인이 되지 않는 법, 리수.
- 와다 히데키(2024), 감정이 늙지 않는 법, 마인드빌딩.
- 와다 히데키(2024), 치매의 벽, 지상사.
- 엘렌 랭어(2022), 늙는다는 착각, 유노북스.

논문 및 보도자료
- 보건복지부, 2023년 치매 역학조사 및 실태조사 결과, 2025.03.12.
- 중앙치매센터, 대한민국 치매 현황, 2023.
- 이승주(2023), 초고령사회 일본의 개호(간병) 분야 현황과 과제, 국회도서관.
- 이진아(2024), 일본의 서비스 제공 고령자 주택 사례와 시사점, 부산카톨릭대학교 사회복지상담심리학과.
- 도쿄도건강장수의료센터연구소(2016), 康長寿新ガイドライン―健康長寿のための12か条.
- 일본 내각부(2022), こども·若者の意識と生活に関する調査.
- 야마 요시우키(2024), 100세 시대, 노인의 사회적 고립을 방지하는 철학카페의 노력, 서울대 일본 연구소 IJS일본 리뷰.

보도기사
- 건설콘페이퍼, 일본의 지자체 독거인 '엔딩 서포트' 서비스 인기, 2023.09.05.
- 경향신문, '노노상속' 늘어나는 일본…상속인 절반, 60대 이상, 2024.10.24.
- 경향신문, 불황·고물가에 40년 '보람 노동' 흔들, 2024.07.15.
- 경향신문, 혼자 죽어가는 일본인들…'고독사' 한 해 6만 8000명, 한국의 20배, 2024.05.14.
- 경향신문, 73세 '연근맨' 일본 어린이 식당 주인 "아이들을 위한 나라 돼라", 2024.06.02.
- 경향신문, 초고령사회 일본, '도시형 납골당' 인기 배경은, 2018.07.02.

- 뉴스트리KOREA, 치매 환자가 서빙하는 카페…일본의 '치매 카페' 눈길, 2023.09.19.
- 뉴스핌, 65세 이상 ; 월 평균 간병비 370만 원…100세 한국인의 끔찍한 현실, 2024.07.30.
- 뉴스핌, [사진] 소비세 인상 후 일본 상점가, 2019.10.01.
- 동아일보, 日, 사전 증여稅 혜택 늘린 '부의 회춘' 시행, 2024.11.20.
- 디멘시아 뉴스, [초고령사회 초읽기] ⑩ 죽음을 준비하는 활동 '엔딩 노트'의 긍정 효과, 2025.02.12.
- 마음건강 길, [장수] 일본서 유행하는 '슬기로운 시니어 생활', 2023.11.03.
- 매거진 HD, 양재혁의 바이오 Talk 헬스Talk 일본 모리노카제 우에하라 방문기, 2024.02.
- 매일경제, '老老상속' 늘어나는 일본…상속인 절반, 60대 이상, 2024.10.25.
- 매일경제, "경로당은 세대 융합의 사랑방…日 살롱선 3대가 함께 놉니다", 2025.01.30.
- 머니투데이, 20년간 '고독사' 떠안은 일본…코로나로 '특수청소'는 달갑지 않은 '호황', 2022.03.15.
- 미래에셋증권 매거진, 통신+편의점=? 로손의 도전, 2025.01.22.
- 미래에셋증권 매거진, 고령자 재취업 새로운 실험, '모자이크형 취업' 뜬다, 2024.10.16.
- 미래에셋증권 매거진, MZ세대와 짝꿍 된 시니어 일본서 주목받는 '모또 메이트' 서비스, 2023.10.18.
- 미래에셋증권 매거진, "재취업 싫다"…창업으로 평생 현역 꿈꾼다, 2021.12.13.
- 백세시대, 초고령사회 먼저 진입한 일본에서 배운다 (1) 일자리 : 계속고용 또는 정년 70세 연장으로 소득공백기 줄여, 2024.12.30.
- 복지타임즈, 일본, 사회적 고립 심화…'동거 고독사' 증가, 2021.05.24.
- 브라보 마이 라이프, 평생 현역으로 살기 위한 7원칙, 2024.07.24.
- 브라보 마이 라이프, 日 독거노인 절반 파산 위기 '연금으로 생활 못 해', 2023.10.16.
- 서울신문, "전국 '은둔형 외톨이' 24만 명 추산"…정부 첫 실태조사, 2023.03.07.
- 아시아경제, 한은 '간병·육아 인력난' 보고서 1년…얼마나 달라졌나, 2025.03.20.
- 아시아경제, 내 집을 시니어 하우스로 : 늙어도 내 집에서 살래, 2025.02.10.
- 아시아경제, 도쿄 부촌에 생기는 쇼핑 난민…"고급 상점만 들어와 노인들 장 못 봐", 2023.12.12.
- 아시아경제, Senior 그들만의 아지트 문화콘텐츠 즐기기 美-카페형, 日-살롱형, 2012.01.31.
- 이코노믹 리뷰, [이형석의 창업의 비밀] 찾아가는 미용실 시대, 2020.03.13.
- 일요신문, 홀로 죽음 맞는 시대…일본 '종활 서비스' 주목받는 까닭, 2023.08.17.
- 여성경제 신문, 일본의 지자체 독거인 '엔딩 서포트' 서비스 인기, 2023.09.05.
- 연합뉴스, 日 '하류 노인' 저자 "미리 준비 안 하면 빈곤이 찾아온다"(종합), 2017.08.29.

- 조선일보, 감옥 가려 물건 훔치는 日 노인들…"교도소 아닌 요양원", 2025.01.20.
- 조선일보, 혼자 운동하기 vs 어울려 식사하기. 건강에 더 좋은 것은? 일본 건강장수연구소 12가지 수칙 (上·下 편), 2025.01.01.
- 조선일보, 한국은 언제쯤? 일본 50~60대는 이 '알바' 하며 놀면서 돈 번다, 2024.10.31.
- 조선일보, 종이접기 대신 도박하는 요양 시설…日 1위 파친코 업체도 실버산업 진출, 2024.09.23.
- 조선일보, 버스도 안 다니는데 정류장? 日 시골 마을 눈물겨운 사연, 2024.05.15.
- 조선일보, 日 은둔형 외톨이 146만 명…50대 돼서도 80대 부모에게 기생하기도, 2023.12.14.
- 조선일보, 일본 '中年 캥거루' 158만 명…부모 잃고 나면 시한폭탄, 2017.05.02.
- 중앙일보, "빚 못 갚겠습니다." 43%가 60세 이상…노인파산 최대, 2025.01.31.
- 지식뉴스, 시니어복합문화공간의 성공적인 비즈니스화, 2021.10.02.
- 60중앙일보, [더오래] 고령 부모에 얹혀사는 중년 캥거루…日 '8050문제' 한숨, 2021.09.05.
- 60중앙일보, [더오래] 치매 할머니가 음식 서빙, 우편배달…무슨 일 생겼을까, 2020.05.17.
- 트민사 뉴스, [라이프트렌드] 日 시니어 시장을 주도하는 3대 트렌드, 2024.06.20.
- 한국일보, 초고령사회 일본, 감옥마저 요양원처럼…"음식 잘게 잘라 주고 재활 서비스", 2023.09.19.
- 한국일보, 노인 범죄 급증과 빈곤의 상관성, 2023.03.26.
- 한겨레, [현장] 화장실 표시부터 달라…일본엔 치매 노인 위한 도시 있다, 2025.07.09.
- 한겨레, 일본 노인 4명 중 1명은 '쇼핑 난민'…먹거리 구하기 힘들어, 2024.04.23.
- 한경, 일본 '치매 머니' 2012조…한국은 더 심각합니다, 2023.01.08.
- 한경 글로벌 마켓, "요양원서 도박한다"…카지노로 변신한 노인 보호시설 인기, 2024.09.11.
- 홍주일보, 일본의 고령자생활협동조합 · 도쿄고령자협동조합, 2016.10.17.
- 헤럴드경제, '통계조차 없다'…중년 은둔형 외톨이, 국가 방치 속 증가 추세, 2022.02.31.
- 푸른고래 디스커버리센터, [은톨이 보고서] 고독부장관 둔 영국, 2023.05.18.
- BBS NEWS, 고령사회 : 일본 노인들이 스스로 '철창 안의 삶'을 선택하는 이유, 2019.02.02.
- KBS뉴스, 954만 명 '2차 베이비부머' 은퇴 시작…"성장률 하락·소비 제약 우려", 2024.07.01.
- ANN NEWS, 社会変える ゆ～っくり優しいスローレジ, 2024.06.09.
- NHK, https://www.nhk.or.jp, 2022.08.09.
- NOWnews, 여기는 일본, '하류 노인' 신조어까지…기초 수급으로 겨우 연명, 2023.08.23.
- SENIOR 조선, [100세 쇼크 축복인가 재앙인가] [8] 노인이 노인을 돌보는 '老-老케어', 2011.01.14.

- VIVA2080, 일본의 다양한 프리미엄 가사 대행 서비스, 우리는?, 2024.03.12.
- 朝日新聞, 人手不足の介護分野, 外国人労働者受け入れ緩和へ検討開始・課題も, 2023.07.24.
- PRTIMES, 常識が変わる人生100年時代の「新・シニア像」, ㈱リサーチ・アンド・ディベロプメント, 2019.07.18.

해외 사이트

- 일본 경제산업성, https://www.meti.go.jp
- 일본 내각부, https://www.npo-homepage.go.jp
- 일본 농림수산성, https://www.maff.go.jp
- 일본 총무성, https://www.soumu.go.jp
- 일본 후생노동성, https://www.mhlw.go.jp
- 일본 액티브시니어협회, www.nihon-asa.org
- 일본 생활재활연구소, https://40kaigo.net/care/alzheimers-disease-care/2513
- パーソルグループ, https://www.persol-group.co.jp
- まちだDマップ, https://www.dementia-friendly-machida.org
- 후쿠오카 인지증 프렌들리센터, fukuoka city-dementia-friendly-center
- ㈱高齢者, https://www.koureisha.co.jp
- 趣味人倶楽部, https://senior-labo.ostance.com
- 福祉理容店幸のとり, http://kounotori.in.net
- なかまある, https://nakamaaru.asahi.com
- シニアSOHO普及サロン・三鷹, http://www.svsoho.gr.jp
- まちだDサミット, https://dementia-friendly-machida.org
- SOMPOケア企業, https://corporate.sompocare.com
- SOMPOケア情報, https://www.sompocare.com
- DFJI, http://www.dementia-friendly-japan.jp/en/category/action/projects
- とくし丸, https://www.tokushimaru.jp
- コミュニティネットワーク協会那須まちづくり広場, https://nasuhiroba.com
- まちだDサミット, https://www.dementia-friendly-machida.org

- おとなの学校とは, https://shoukei-kai.com/gakkou
- 杜の風・上原, https://www.shoukichi.org/morinokaze
- おとなの学校, https://otona-gakkou.com
- よりあいの森, yoriainomori.com
- DAYS BLG!, https://blg.life
- デイサービスラスベガス, https://las-vegas.jp
- 注文をまちがえる料理店, http://www-dev.mistakeorders.com.s3-website-ap-northeast-1.amazonaws.com
- ミヤホーム, https://miyahome.net
- 肌らぶ, hadalove.jp/active-senior-28527

좋은 책을 만드는 길, 독자님과 함께 하겠습니다.

초고령사회 어찌할 것인가

초판2쇄 발행	2025년 07월 25일 (인쇄 2025년 06월 25일)
초 판 발 행	2025년 07월 25일 (인쇄 2025년 05월 09일)
발 행 인	박영일
책 임 편 집	이해욱
저 자	김창규
편 집 진 행	박종옥 · 장민영
표지디자인	김도연
편집디자인	신지연 · 김휘주
발 행 처	시대인
공 급 처	(주)시대고시기획
출 판 등 록	제 10-1521호
주 소	서울시 마포구 큰우물로 75 [도화동 538 성지 B/D] 9F
전 화	1600-3600
팩 스	02-701-8823
홈 페 이 지	www.sdedu.co.kr
I S B N	979-11-383-9297-6 (02190)
정 가	18,000원

※ 이 책은 저작권법에 의해 보호를 받는 저작물이므로, 동영상 제작 및 무단전재와 복제, 상업적 이용을 금합니다.
※ 이 책의 전부 또는 일부 내용을 이용하려면 반드시 저작권자와 (주)시대고시기획 · 시대인의 동의를 받아야 합니다.
※ 잘못된 책은 구입하신 서점에서 바꾸어 드립니다.

'시대인'은 종합교육그룹 '(주)시대고시기획 · 시대교육'의 단행본 브랜드입니다.

시니어 레거시
품격 있는 노년기를 위한 24가지 체크리스트

조한종, 김신혜, 최학희 저 | 144쪽 | 정가 16,000원

1,000만 노인시대 당신의 인생 후반전, 품격 있는 노년기는 준비되었습니까?

노인 인구 1천만 시대가 눈앞에 닥쳤습니다.

어떤 이는 이를 거대한 시니어비즈니스의 새로운 패러다임 전환 기회라고 하고, 어떤 이는 '다사 사회, 노인 빈곤, 고독사, 무의미한 연명시대 등'으로 우려를 나타내기도 합니다. 고령 선진국에서는 '빅 시프트(마크 프리드먼, Big Shift)'에서처럼, '100세 시대 중년 이후 인생의 재구성과 시니어 삶의 새로운 절정을 준비'하는 사례를 여럿 보여줍니다. 나아가 세대 지속성을 고려한 품격 있는 노년이 남길 유산과 진정한 자아실현 단계의 삶을 보여주기도 합니다. 이러한 시대변화 속에서 시니어는 누구나 '건강자산, 시간자산, 재무자산 구축'이라는 중대한 숙제를 풀어야 합니다.

품격 있는 삶의 조건을 제시합니다.

'시니어 레거시, 품격 있는 노년기를 위한 24가지 체크리스트'는 노년의 삶이 재무에만 치우치지 않고 비재무 영역까지 아우르는 품격 있는 삶의 조건을 제시하기 위해 썼습니다. 아직 우리에게는 먼 미래처럼 보이는 '재무적 나이 듦' 외에도 비재무적인 영역인 '사회적·소명적·영성적·지성적·감정적·육체적 나이 듦'의 24가지 구체적인 품격 있는 나이 듦의 갖추어야 할 조건들을 풀어 소개합니다. 고객의 자산관리 현장에서, 또 비재무적 삶의 구현에서, 나아가 더 나은 시니어 비즈니스 연구 현장에서 만난 세 명의 진지한 고민과 경험을 나누고자 합니다.

※ 도서의 구성 및 이미지는 변경될 수 있습니다.

추억의 나무 Q&A
나를 찾아 떠나는 인생 기록!

유태곤 저 | 212쪽 | 정가 9,000원

나를 찾아 떠나는 인생 기록!

추억을 떠올리게 하는 질문이 가득한 추억의 나무 Q&A
단어를 보면 드는 생각이나 느낌을 쓰면서 생각나무를 채워보세요.
단어와 연관된 질문에 답을 하면서 잊고 살았던 나만의 추억 속으로 떠나보세요.

나만의 생각나무를 만들어보자!
주제별로 다른 단어가 적힌 생각나무를 채워보세요. 생각나무에 적힌 단어를 보고 연관되는 단어나 생각, 느낌을 잎사귀에 적어 나만의 생각나무를 완성해 보세요. 나무를 채우다가 주어진 칸이 부족하면 여백에 새로 가지와 잎사귀를 그려서 작성하셔도 좋습니다.

질문에 답하면서 나만의 추억 속으로 떠나보자!
정해진 양식이나 틀이 없으니 자유롭게 생각나무에 적힌 단어와 연관된 질문에 대한 나만의 얘기를 적어보세요. 어린 시절, 청춘, 황혼 각 주제별로 다른 질문에 대한 답을 적으며 그동안 잊고 살았던 과거의 추억을 떠올려 보세요.

※ 도서의 구성 및 이미지는 변경될 수 있습니다.